32

DAS ANDERE

O COMPLEXO DE TELÊMACO

32

DAS ANDERE

Massimo Recalcati
O complexo de Telêmaco — Pais, mães e filhos após o ocaso do pai
Il complesso di Telemaco — Genitori e figli dopo il tramonto del padre

Tradução: Cezar Tridapalli
Preparação: Pedro Fonseca
Revisão: Andrea Stahel, Leandro Dorval Cardoso,
Paulo Sergio Fernandes
Ilustração de capa: Julia Geiser
Projeto gráfico: Luísa Rabello
Produção gráfica: Clarice G Lacerda
ISBN 978-65-86683-93-6

Âyiné

Direção editorial: Pedro Fonseca
Coordenação editorial: Luísa Rabello
Coordenação de comunicação: Clara Dias
Assistente de comunicação: Ana Carolina Romero
Assitente de design: Rita Davis, Lila Bittencourt
Conselho editorial: Simone Cristoforetti,
Zuane Fabbris, Lucas Mendes

Praça Carlos Chagas, 49 — 2º andar
30170-140 Belo Horizonte, MG
+55 31 3291-4164
www.ayine.com.br
info@ayine.com.br

Massimo Recalcati

O COMPLEXO DE TELÊMACO

Pais, mães e filhos
após o ocaso do pai

TRADUÇÃO
Cezar Tridapalli

Âyiné

Aos meus filhos
Tommaso e Camilla,
para o reino deles

SUMÁRIO

Eis o cheiro de meu filho, que é
como o cheiro do campo.

Gênesis 27, 27

INTRODUÇÃO

Que, se aos mortais fosse dado escolher o que bem lhes conviesse,
escolheríamos logo alcançar de meu pai o retorno.

Homero, *Odisseia*, Canto XVI[1]

O que aqui nomeio «complexo de Telêmaco» pretende ser um modo de se aproximar do novo mal-estar da juventude, tentando dar uma chave de leitura inédita à relação entre pais e filhos em um tempo — que é o nosso — em que, como já notava Eugenio Scalfari em um artigo de 1998, chamado significativamente *O pai que falta à nossa sociedade*,[2] a autoridade simbólica do pai perdeu peso, foi eclipsada, entrou irreversivelmente em declínio. A dificuldade dos pais em sustentar a própria função educativa e o

1 Na tradução de Carlos Alberto Nunes. Rio de Janeiro: Ediouro, 2001, p. 275. [N. T.]

2 Eugenio Scalfari, Il padre che manca alla nostra società, *La Repubblica*, Roma, 27 dez. 1998.

conflito entre as gerações que deriva daí são notadas há tempos e não só pelos psicanalistas. Os pais se escondem, estão obliterados ou se tornaram companheiros de brincadeira dos seus filhos. Todavia, novos sinais, sempre mais insistentes, vêm da sociedade civil, do mundo da política e da cultura, para relançar uma nova e opressiva demanda pelo pai. É preciso ser claro: o meu ponto de vista é que esse eclipse não indica uma crise provisória da função paterna, destinada a uma eventual recuperação. Recuperar o tema do declínio da *imago* paterna não significa ter saudades do mito do pai-senhor. Pessoalmente não tenho nenhuma saudade do *pater familias*. O seu tempo está irreversivelmente acabado, exaurido, vencido. A questão não é, portanto, como restaurar a sua antiga potência simbólica, perdida, mas sim como interrogar o que resta do pai no tempo da sua dissolução. É isso que me interessa. Em tal contexto a figura de Telêmaco me parece um ponto de luz. Ela mostra a impossibilidade de separar o movimento do herdar — a herança é um movimento singular e não uma aquisição que acontece por direito — do reconhecimento da própria condição de filho. Sem esse reconhecimento não se dá nenhuma filiação simbólica possível.

O complexo de Telêmaco é uma subversão do complexo de Édipo. Édipo tem o próprio pai como um rival, como um obstáculo no próprio caminho. Os seus crimes são os piores da humanidade: matar o pai e possuir sexualmente a mãe. A sombra da culpa cairá sobre ele e o forçará ao gesto extremo de perfurar os olhos. Telêmaco, ao contrário, com os seus olhos, vislumbra o mar, perscruta o horizonte. Espera que o navio de seu pai — que ele jamais conheceu — volte para restabelecer a Lei em sua ilha dominada pelos pretendentes de Penélope, que ocuparam a sua a casa e gozam impunemente e sem pudor de suas propriedades. Telêmaco se livra da violência parricida de Édipo; ele procura o pai não como um rival contra o qual se luta até a morte, mas como um augúrio, uma esperança, como a possibilidade de fazer com que a Lei da palavra retorne sobre a própria terra. Se Édipo encarna a tragédia da *transgressão da Lei*, Telêmaco encarna a *invocação da Lei*; ele a invoca para que o pai retorne do mar, colocando, nesse retorno, a esperança de que ainda exista uma justiça justa para Ítaca. Enquanto o olhar de Édipo acaba por se exaurir na fúria impotente do autocegamento — como marca indelével da culpa —, o de Telêmaco se volta para o horizonte para ver se algo volta do mar. Certamente, o risco de Telêmaco é o da melancolia, a nostalgia pelo pai glorioso, pelo rei de Ítaca, pelo grande herói que conquistou Troia. A demanda por um pai, como Nietzsche intuiu bem, esconde sempre a armadilha de cultivar uma espera infinita e melancólica por alguém que nunca voltará. É o risco de que Telêmaco se confunda com um dos dois vagabundos protagonistas de *Esperando Godot,* de Samuel Beckett. Nós sabemos: Godot é o nome de uma ausência. Nenhum Deus-pai nos poderá salvar; a nostalgia pelo pai-herói é uma doença sempre à espreita. O tempo do retorno glorioso ficou para trás para sempre! Do mar não tornam monumentos, esquadras invencíveis, líderes de partido, chefes autoritários e carismáticos, homens-deuses, pais-papas, mas apenas fragmentos, pedaços alquebrados, pais frágeis, vulneráveis, poetas, diretores, professores precários, migrantes, trabalhadores, simples testemunhas de como se pode transmitir aos próprios filhos e às novas gerações a fé no porvir, o sentido de horizonte, uma responsabilidade que não reivindica nenhuma propriedade.

Nós estamos na época do declínio irreversível do pai, mas estamos também na época de Telêmaco; as novas gerações olham o mar esperando que algo do pai retorne. Essa espera, no entanto, não é uma paralisia melancólica. As novas gerações estão empenhadas — como fará Telêmaco — em realizar o movimento singular de reconquista do próprio futuro, da própria herança. Sim, o

Telêmaco homérico espera ver no horizonte as velas gloriosas da armada vencedora do pai-herói. Contudo, ele poderá encontrar o próprio pai somente nos espólios de um migrante sem pátria. No complexo de Telêmaco não está em questão a exigência de restaurar a soberania perdida do pai-senhor. A demanda por pai que hoje perpassa o mal-estar da juventude não é uma demanda por poder e disciplina, mas por *testemunho*. Em cena já não se tem pais-senhores, mas apenas a necessidade de pais-testemunhas. A demanda por pai não é mais demanda por modelos ideais, por dogmas, por heróis lendários e invencíveis, por hierarquias imodificáveis, por uma autoridade meramente repressiva e disciplinar, mas por atos, por escolhas, por paixões capazes de testemunhar, de fato, como é possível, neste mundo, ao mesmo tempo, desejar e ter responsabilidade. O pai que hoje é invocado não pode mais ser o pai que tem a última palavra sobre a vida e sobre a morte, sobre o sentido do bem e do mal, mas só um pai radicalmente humanizado, vulnerável, incapaz de dizer qual o sentido último da vida, mas capaz de mostrar, *por meio do testemunho da própria vida, que a vida pode ter um sentido*.

Todos nós fomos Telêmaco. Todos em algum momento olhamos o mar esperando que algo retornasse de lá. E poderíamos acrescentar, como faz Mario Perrotta na sua intensa revisitação teatral da *Odisseia*, que «alguma coisa sempre volta do mar».[3] Entretanto, ao contrário de Telêmaco, nós não fomos filhos de Ulisses. A nossa herança não é a herança de um Reino. Nós não fomos príncipes à espera do retorno do pai-rei. Se Telêmaco, como veremos neste livro, indica-nos o caminho do modo certo

3 Mario Perrota, *Odisseia*. In: Federico Condello (org.), *Eredi*. Centro de estudos «La permanenza del classico». Bolonha: Bonomia University Press, 2011. p. 74-105.

de herdar, a condição dos jovens-Telêmaco de hoje é a dos deserdados: ausência de futuro, destruição da experiência, diminuição do desejo, escravidão ao gozo mortal, desocupação, precariedade. Os nossos filhos povoam a escura «noite dos Pretendentes»?[4] Que pai poderá salvá-los se o nosso tempo é o tempo de seu declínio irreversível? Os nossos filhos não herdam um Reino, mas um corpo morto, uma terra depauperada, uma economia enlouquecida, um endividamento ilimitado, a falta de trabalho e de horizonte de vida. Os nossos filhos estão exaustos. Por que, então, conforme tento sustentar neste livro, Telêmaco pode ser o paradigma da posição deles no mundo? Por que Telêmaco e não Édipo, com sua raivosa luta mortal com o pai? Porque Telêmaco é a forma mais alta e justa do anti-Édipo: ele não é nem vítima do pai, nem investe obtusamente contra o pai. Telêmaco é o herdeiro certo, é o filho certo. «Não é só um jovem que procura seu pai, mas é o jovem que precisa de um pai. Telêmaco é o ícone do filho.»[5] Esse é um tema central do livro e do que se denomina «complexo de Telêmaco»: Édipo não consegue ser filho, e o mesmo acontece com Narciso. Essas duas figuras da mitologia clássica foram eleitas por Freud e pela psicanálise como personagens-paradigmas do teatro do inconsciente. Mas nenhum dos dois alcança a dimensão generativa do herdeiro que o *ser filho* comporta. Édipo resta prisioneiro do seu ódio revestido de amor pelo pai — o pai como Ideal e o pai como rival constituem os dois polos da oscilação típica daquilo que

4 Cf. Luigi Zoja, *Il gesto di Ettore. Preistoria, storia, attualità e scomparsa del padre*. Turim: Bollati Boringhieri, 2000. p. 305.

5 «No centro de Telêmaco está sempre o pai. Em nenhuma outra obra grega arcaica ou clássica a relação que liga um filho a um pai foi representada com a mesma sensibilidade.» Cf. G. Aurelio Privitera, *Il ritorno del guerriero. Lettura dell'Odissea*. Turim: Einaudi, 2005, p. 64.

Freud denominou «complexo de Édipo» —, enquanto Narciso não consegue se separar da própria imagem idealizada, cuja fascinação o conduz para o abismo do suicídio. A rivalidade (Édipo) e o isolamento autista (Narciso) não tornam possível o movimento singular da herança, sem a qual cai por terra toda filiação simbólica e, por consequência, a transmissão do desejo de uma geração a outra.

O fato que positivamente mais me marcou em recentes manifestações estudantis foram os assim chamados «livros-escudo». São grandes livros da altura de uma pessoa, feitos de espuma, de papelão, de aglomerado e pintados de várias cores. No centro trazem o título do livro e seu autor. Que escudos fantásticos, pensei! O motivo militar da defesa contra o agressor é substituído pela invocação à Cultura — a Lei da palavra — como barreira nos confrontos da injusta violência da crise. Interessa-me ter mais notícias sobre os livros escolhidos. Seria provavelmente uma galeria rica de surpresas. Mas saber da presença de alguns títulos (entre os quais a *Odisseia*, a *Eneida* e a *Constituição*) já trouxe conforto para a minha convicção. O que são estes livros-escudos senão uma invocação ao pai? Senão uma invocação da Lei da palavra como Lei do desejo? É certo, trata-se de uma invocação que vai além da certidão de nascimento, além do sangue e da linhagem familiar. Enquanto em nosso tempo o livro como objeto corre o risco de ser transformado em um arquivo anônimo, e as livrarias, onde era bonito se perder, em peças do museu de cera do século XX, esses jovens invocam, justamente por meio do livro-escudo, o seu direito de ser herdeiros-heréticos, isto é, de ser herdeiros da maneira certa. É essa a tese a que estou mais ligado neste livro: o herdeiro é sempre um órfão, está sempre sem herança, deserdado, sem raiz, privado de patrimônio, largado, perdido. A herança não se realiza nunca como uma mera transferência de bens ou de genes de uma geração a outra. A herança não é um direito sancionado pela natureza, mas é um movimento singular, sem garantia, que nos reconduz à nossa matriz inconsciente; é uma retomada daquilo que sempre fomos para seguir em frente, é, como diria Kierkegaard, um «retroceder avançando». O pano de fundo sobre o qual essa retomada acontece é o impossível. Nenhum pai, na verdade, poderá nos salvar, nenhum pai poderá nos poupar da viagem perigosa e sem garantia do herdar.

Em nosso tempo, os filhos parecem estar privados de toda herança, parecem entregues a uma herança impossível. Mas não se herda sempre o impossível? Não se herda sempre um corpo morto? A herança não é nunca o preenchimento do buraco aberto pela ausência estrutural do Pai, mas é sempre e somente a sua travessia. Todavia, está sempre em jogo, no herdar, também a transmissão de um bem que pode humanizar a vida. Como se dá esse dom em uma época em que as velhas gerações romperam a ligação com a nova, cederam diante da responsabilidade da sua palavra? Em uma época cujo dom que pode humanizar a vida não é mais garantia da existência do grande Outro da tradição? Esse Outro, na verdade, revelou-se aquilo que sempre foi, ou seja, inconsciente. Se as novas gerações não podem encontrar o dom no pai, ela — a doação — pode ocorrer somente lá onde se dá um encontro com um testemunho. E o que está em jogo no testemunho como doação? A doação que humaniza a vida não é outra coisa que a doação do desejo e de sua Lei. É esse o verdadeiro e único reino que pode ser transmitido de uma geração a outra. Como o *húmus humano* pode se tornar fértil? Como pode a cadeia geracional transmitir a potência vital do desejo?[6] Como se estrutura um processo eficaz de filiação

6 *Húmus humano* é uma expressão de Lacan com a qual ele alude precisamente ao problema da transmissão do desejo como fertilizante irrenunciável da vida humana. N. T.: na tradução brasileira, de Vera Ribeiro: «O saber do inconsciente designado por Freud é o que o húmus

simbólica? O complexo de Telêmaco se articula em torno dessas interrogações. Telêmaco é o justo herdeiro não porque herda um reino, mas porque nos revela que é somente na transmissão da Lei do desejo que a vida pode se emancipar da sedução mortífera da «noite dos Pretendentes», ou seja, da miragem de uma liberdade reduzida à pura vontade de gozo. O *húmus humano* precisa dessa Lei para ser capaz de gerar.

Milão, dezembro de 2012

---

humano inventa para sua perenidade de uma geração à outra». Jacques Lacan, Nota italiana. In: Jacques Lacan, *Outros escritos*. Rio de Janeiro: Zahar, 2003.

A LEI DA PALAVRA
E O NOVO INFERNO

Rezar não é mais como respirar

Houve um tempo em que rezar era como respirar, em que rezar era um evento da natureza. A oração tinha a mesma força da neve, da chuva, do sol, da neblina. Era como o suceder-se das estações. Era um rito coletivo que dividia a nossa vida cotidiana. Não me lembro de quando aprendi a rezar. Parece-me tê-lo sabido desde sempre. Fui educado para rezar do mesmo jeito como fui educado para respeitar os mais velhos e comportar-me bem à mesa. Cresci em um tempo em que rezar era igual a comer, dormir, correr. Esse tempo, o tempo em que a oração se dava como um evento da natureza, como respirar, extinguiu-se definitivamente. Estamos agora em outro tempo, em que, por exemplo, como pais e mães, devemos escolher se devemos ou não transmitir o sentido da oração a nossos filhos. Se rezar não é mais uma prática transmitida graças à força da tradição, ao seu *autômaton*, se ela não é mais um dispositivo cujo funcionamento é garantido pela potência simbólica do grande Outro, o tempo da oração se tornou o tempo de uma escolha subjetiva. Pais e mães são obrigados a tomar uma decisão que não é mais passada automaticamente pelo grande Outro da tradição.

O *incipit* de *Cosa resta del padre?*[1] colocava o problema de se, no tempo da morte de Deus — que é o evento epocal que define o horizonte do nosso tempo —, haveria ainda sentido em ensinar nossos filhos a rezarem. Alguns de meus colegas psicanalistas quiseram me lembrar de que a psicanálise tinha acertado havia tempos suas contas com o discurso religioso e que o meu raciocínio oscilava ambiguamente em direção ao risco de uma ressurreição nostálgica do cadáver do pai ou daquele de Deus. Como se interrogar-se sobre o sentido da oração significasse evocar outra vez, com saudosismo, o tempo de uma sociedade religiosa fundada sobre a autoridade simbólica do Deus-pai.

Afonia e amnésia dos pais

Tive a oportunidade de descrever o nosso tempo por meio de uma fórmula de Lacan: a da *evaporação do pai.*[2] Com essa expressão não apenas comentei a crise dos pais reais no exercício da sua autoridade, mas, mais radicalmente, a falha da função orientadora do Ideal na vida individual e coletiva. Mais precisamente, essa fórmula mostra a impossibilidade de que o pai ainda detenha a última

1 Massimo Recalcati, *Cosa resta del padre? La paternità nell'epoca ipermoderna.* 1. ed. 2011, 2. ed. 2017. Milão: Raffaello Cortina Editore. [N. T.]

2 Cf. Jacques Lacan, Nota sul padre e l'universalismo. *La Psicoanalisi*, Roma, n. 33, p. 9, jan. 2003. Cf., em particular, Massimo Recalcati, *L'uomo senza inconscio. Figure della nuova clinica psicoanalitica*, Milão: Raffaello Cortina Editore, 2010, pp. 3-69; e *Cosa resta del padre? La paternità nell'epoca ipermoderna.* 1. ed. 2011, 2. ed. 2017. Milão: Raffaello Cortina Editore.

palavra sobre o sentido da vida e da morte, sobre o sentido do bem e do mal. Essa palavra recua, extingue-se, aparece exaurida, exausta. Essa palavra não existe mais. É isso o que mostra com grande força lírica a abertura do filme de Nanni Moretti, *Habemus papam*: a sacada da Igreja de São Pedro resta desconsoladamente vazia. Moretti sabiamente se demora no jogo das cortinas púrpuras, movidas pelo vento, que, em vez de anunciar a presença do novo pontífice, revelam aos fiéis, em ansiosa espera, a ausência melancólica e definitiva de seu amado pai. Aquele que foi designado pelo sínodo dos cardeais como símbolo de Deus na Terra, como representante único da Sua palavra, não tem condições de sustentar o peso simbólico dessa tarefa. A sua palavra cede, apaga-se, resta silente. É algo mais do que uma humanização do herdeiro de São Pedro, como a crítica cinematográfica quis ver. O que Moretti nos mostra é a evaporação do pai como impossibilidade de sustentar o peso simbólico de uma palavra que desejaria ainda poder dizer o sentido último do mundo, do bem e do mal, da vida e da morte. É o exaurimento do tempo em que rezar era como respirar. A aspiração do neopapa de querer ser um dramaturgo, a sua vocação frustrada de ator, revela a natureza de pura aparência a que parece reduzida a palavra do pai em nosso tempo. Jogo, ficção, traição, ilusão, recitação, encenação. Quando, na sacada de São Pedro, o novo pontífice deve tomar a palavra como símbolo do Pai do povo de Deus, a voz dele não pode mais exercer aquele papel, resta afônica, afásica; ela se retira no silêncio.[3] A palavra não quer sair, não ganha corpo, permanece presa aquém da voz. Afonia,

3 Recordo que é justamente com o sintoma da afasia que Freud inicia sua pesquisa clínica. Nunca se deveria esquecer de que a prática da psicanálise, que é uma prática da palavra, nasce de uma interrogação sobre aquilo que a torna impossível.

afasia do pai-papa, do símbolo universal do pai. Não é essa afasia um dos sintomas fundamentais do nosso tempo? A multidão de almas que enche a praça São Pedro à espera da palavra-guia do pai fica desiludida e desconcertada. Quem devia assegurá-la, quem devia encorajá-la, quem devia fazer existir na Terra a potência da palavra de Deus, não só não está em condições de tomar a palavra, mas se revela, ele próprio, evanescido. Moretti, com um golpe de mestre, mete o dedo na ferida invertendo de repente a cadeia geracional. O pai, que deve tranquilizar, precisa ser tranquilizado; o pai, que salva da desorientação, está desorientado; o pai, que deve salvar os próprios filhos, transforma-se em um filho. Metamorfose geracional: o pai-papa se tornou um menino que chora aterrorizado, a quem é preciso consolar e proteger. Diminuição da imagem adulta e potente do grande *pater familias*. Inversão geracional: quem é o pai? Quem é o filho? Quem é o refúgio? Quem está perdido?

Essa cena de *Habemus papam* evoca uma outra cena, igualmente paradigmática, da narrativa morettiana, que vale a pena repercorrer brevemente. Refiro-me à *Palombella rossa*, que Moretti roda no período da grande crise do Partido Comunista Italiano e da queda do Muro de Berlim. Estamos em 1989, quando surge nas salas de cinema. Diante da pergunta de um jornalista televisivo que o interroga sobre os destinos do partido, o secretário do PCI, protagonista do filme e interpretado pelo próprio Moretti, titubeia, parece ficar sem chão, até perder a memória. Em vez de responder à questão do jornalista, pergunta-se a si mesmo: Quem sou? Quem somos? O que aconteceu? Aqui estamos diante de um outro sintoma, também ele não estranho à clínica psicanalítica: a amnésia. Ela corresponde e é, de certa maneira, fatalmente sugerida pela afonia-afasia do pai-papa. Quem sou? Quem somos? O que aconteceu? O secretário do partido não tem mais condições de ditar a conduta a seu povo. Está perdido nos nevoeiros de uma memória tornada subitamente fraca. Como o pai-papa, está ausente de si mesmo. Suas lembranças se afundam em uma rede de pistas que remontam à infância: o cheiro do verão, o ambiente da piscina, as partidas de polo aquático, o sempre presente pão com Nutella, *Doutor Jivago*. A pergunta sobre o destino coletivo do partido desliza para um questionamento do próprio ser. Quem sou «eu»? Onde estou? De onde venho? Para onde vou? A metafísica da pergunta supera a da resposta.

Na interseção entre *Habemus papam* e *Palombella rossa*, os dois grandes símbolos dos Ideais que orientaram a vida das massas no Ocidente — o papa da Santa Igreja Romana e o secretário do glorioso Partido Comunista — não sabem mais tomar a palavra, não sabem mais sustentar o peso simbólico de sua função pública, aparecem perdidos, evaporados.

O inferno de Salò

Uma última referência cinematográfica pode sintetizar ainda mais radicalmente o fenômeno da evaporação do pai e seus efeitos no nosso tempo. Penso no último filme-testamento de Pier Paolo Pasolini: *Salò o le 120 giornate di Sodoma*. Pasolini concebe-o deliberadamente como um filme impossível de ser visto. Acontece em grande parte da arte contemporânea mais extrema: o real sem véus do Terrificante obriga o espectador a recuar em angústia. O horror faz abaixar os olhos, torna impossível o olhar, como em uma das últimas cenas, onde uma vítima é sodomizada e, ao mesmo tempo, antes de ser morta sem piedade, escalpelada brutalmente com uma faca.

A última narrativa de Pasolini quer exibir o real do gozo sem filtros simbólicos: suplícios sádicos, coprofagia, humilhações, maus-tratos, assassinatos gratuitos. «Tudo é bom quando é excessivo», afirma bataillianamente um dos quatro libertinos sádicos na primeira cena do filme. As vítimas surgem como puros instrumentos a serviço somente da Lei do gozo: corpos mutilados, abatidos, supliciados, queimados, torturados, mortos cinicamente. Nesse universo sem Deus não há salvação, não há horizonte, não há desejo. Tudo se consuma dentro dos limites claustrofóbicos da vontade de gozo. Se por um longo tempo da própria obra Pasolini tinha feito valer uma versão rousseauiana e bataillianа do corpo sexual como potência transgressiva que desafia a dimensão repressiva e coercitiva da Lei, em nome de um retorno (impossível) à Natureza, em *Salò* ele parece se despedir dessa representação do conflito entre a Lei e o desejo, reconhecendo que o culto do gozo e a lógica da sua pura dispersão — presente em Sade e teorizada por Bataille — tornaram-se um regime de administração e manipulação biopolítica dos corpos sob a nova lei ditada pelo discurso do capitalista: o sexo compulsivo, a afirmação de uma liberdade sem Lei, a repetição eternizadora de todos os cenários sadianos mostram que o nosso tempo fez do gozo um imperativo que, em vez de liberar a vida, oprime-a e torna-a escrava.[4] Nisso reside a denúncia política radical que atravessa *Salò*. Não se trata absolutamente, como havia pensado Cesare Musatti, de um renascimento da sexualidade perverso-polimorfa diante da falência

4 É o que percebe pontualmente Antonio Tricomi, em seu excelente trabalho sobre a obra de Pasolini: «a lógica do dispêndio não é mais uma alternativa praticável em tempos de neocapitalismo triunfante. Se, por exemplo, Bataille pôde acreditar que devia reconhecer na sujeira mais abjeta um incrível valor transgressivo, agora Pasolini é obrigado a perceber que também ela é instrumento do Poder: os produtores obrigam os consumidores a comer merda». Antonio Tricomi, *Sull'opera mancata di Pasolini. Un autore irrisolto e il suo laboratorio*. Roma: Carocci, 2005, p. 421.

de um acesso normativo a uma sexualidade plenamente genital, que revelaria o fantasma inconsciente do seu autor,[5] mas da tentativa, muito maior, de descrever o próprio inconsciente do discurso do capitalista como radical destruição do Eros do desejo.[6] Não se trata, de modo algum, da encenação do teatrinho privado que caracterizaria o fantasma perverso de Pasolini — segundo uma aplicação meramente pantográfica da Psicanálise à obra de arte —, mas da exibição do «excesso» como afirmação de uma Lei que recusa todo limite e que qualifica a degradação neocapitalista do corpo erótico como mero instrumento de gozo. Não se trata de uma representação provocatória da sexualidade polimorfa da infância, mas de um gozo desesperado e totalmente antierótico que, sem respeito algum para com a Lei da castração simbólica, funde-se destrutivamente com a pulsão de morte. Não é esse um dos sinais fundamentais do nosso tempo, do tempo em que parece triunfar o imperativo do gozo como a única forma da Lei?

Tendo visto *Salò* apenas uma vez quando jovem, em 1976, eu tinha memorizado erroneamente uma cena em que uma garota e um garoto, enquanto eram afogados em uma banheira de merda, reagiam à morte iminente, uma, com o sinal da cruz, e o outro, erguendo o punho cerrado. Depois de ter revisto recentemente o filme de Pasolini, percebi que essa cena não existe, mas era somente fruto de uma combinação, de minha parte, inconsciente, de outras duas cenas presentes no filme. Em uma delas, uma jovem

5 Cesare Musatti, Il Salò di Pasolini regno della perversione. *Cinema Nuovo*, Milão, n. 239, jan./fev. 1976.

6 Tentativa cuja importância crucial, ao contrário, não escapa a Gian Carlo Ferretti, *Pasolini. L'universo orrendo*. Roma: Editori Riuniti, 1976, p. 106-110. Sobre o conceito lacaniano de «discurso capitalista», remeto a Massimo Recalcati, *L'uomo senza incônscio. Figure della nuova clinica psicoanalitica*. Milão: Raffaello Cortina Editore, 2010, p. 3-69.

encontra-se imersa na merda e invoca o Deus cristão — «Deus, Deus, por que nos abandonastes?»; já, em uma outra, um soldado de Salò é descoberto fazendo amor com uma serva — ou seja, transgride a Lei que, impondo a existência somente do gozo, proíbe paradoxalmente a possibilidade do amor — e acaba crivado brutalmente por tiros de pistola. Antes de morrer, ele tem tempo de erguer orgulhosamente o punho cerrado. Esse «erro da memória» contém, na verdade, uma interpretação subjetiva que, parece-me, mantém-se fidelíssima à narração pasoliniana: o discurso do capitalista afoga na merda e no sangue os Ideais (cristãos e comunistas) em nome do gozo como única forma paradoxalmente possível do Ideal e da Lei. Mais precisamente, Pasolini alcança Lacan quando mostra como, na perversão, o sujeito é alçado ao estatuto de um novo Deus, de um Deus que tem poder absoluto sobre o Outro, de um Deus do gozo que anula todo o senso de limite. Não é, talvez, essa a ambição suprema que habita o terrível quarteto de Salò? O próprio Pasolini declara isso expressamente em uma entrevista sobre o marquês de Sade, dada a Gideon Bachmann e Donata Gallo, quando afirma que «os libertinos, ao manipularem os corpos de suas vítimas como coisas, não são outra coisa que deuses em Terra, isto é, o modelo deles é sempre Deus».[7]

Como em Moretti, também no último filme de Pasolini os símbolos do cristianismo e do comunismo naufragam miseravelmente. Enquanto, porém, Moretti evidencia os sintomas mentais do nosso tempo (afasia, amnésia), Pasolini ilustra foucaultianamente a

7 Citação retirada de Antonio Tricomi, *Sull'opera mancata di Pasolini. Un autore irrisolto e il suo laboratorio*. Roma: Carocci, 2005. p. 417. A propósito de Lacan, ver Jacques Lacan, Kant com Sade. In: Jacques Lacan, *Escritos*. Trad. Vera Ribeiro. Rio de Janeiro: Jorge Zahar, 1998. (Campo Freudiano no Brasil).

ontologia do corpo subjacente a esse sintoma, ou a redução perversa do próprio corpo à pura máquina sadiana de gozo. Por isso, nosso tempo — como antecipado profeticamente por *Salò* — é o tempo em que os ideais se revelam inconsistentes, salvo aquele do gozo (de morte) como fim último da vida. «Não sabe que queremos te matar mil vezes?», grita um dos torturadores diante de uma vítima aterrorizada. A máquina do discurso capitalista consome infinitamente a si mesma, assim como nos cenários eternamente repetitivos e claustrofóbicos do marquês de Sade: a serialidade anônima deles mostra como o gozo deve retornar sempre ao mesmo lugar para esconjurar o evento da morte. Trata-se de mostrar que a única coisa pela qual vale a pena viver é o próprio gozo, que não existe outra Lei fora daquela imposta pelo imperativo do gozo. Esse é o conteúdo profundamente perverso de *Salò* e que está em jogo, decisivamente, em nosso tempo. Por qual motivo vale a pena viver? Existe uma resposta convincente a essa pergunta, alternativa àquela sadiana? Quero dizer: existe uma alternativa ética a essa lógica que não seja o recurso moralista ao «bom senso» ou à universalidade abstrata de uma razão prática de matriz kantiana? Existe, quero dizer, uma alternativa ética que pode opor-se *com força* à afirmação do gozo cínico como único valor da vida? Não é essa uma pergunta decisiva para o nosso tempo que promove o gozo do Um como beatificação terrena da vida? É possível um outro futuro em relação àquele previsto pela máquina do discurso do capitalista, pela máquina enlouquecida do gozo? Não é essa a resposta que as novas gerações esperam de nós? Existe um Outro gozo em relação àquele libertino representado por Pasolini em *Salò*, que possa tornar a vida digna de ser vivida?

O enfraquecimento e a crise generalizada do discurso educativo fazem emergir a dimensão traumática do gozo desvinculada da Lei da castração. É o argumento clínico que desenvolvi amplamente em *L'uomo senza inconscio*: no tempo do declínio do Outro simbólico, do naufrágio do Ideal, da sua merdificação sem volta, o gozo mortal parece não encontrar mais barreiras simbólicas adequadas. Se o Ideal tinha a função de orientar o gozo diferenciando-o da satisfação, canalizando positivamente a sua força pulsional, seu ocaso parece deixar a existência desprovida de bússola. No entanto, a prática psicanalítica não pode fomentar a recuperação nostálgica do Ideal. Ela aponta sobretudo para o desejo como possibilidade de realizar — graças ao aporte da Lei da palavra e à refutação do gozo mortal — um gozo novo, suplementar, um gozo Outro, um Outro gozo em relação àquele mortal que Lacan nomeia com o termo *surplus-juissance.*[8] O que devemos notar hoje é que o enfraquecimento da ação normativa do Simbólico fez da própria transgressão um hábito conformista da pulsão. O gozo como fim em si mesmo é uma forma radical do espírito mais reacionário. É muito mais transgressor jurar amor eterno que passar de um corpo a outro sem algum vínculo amoroso. A experiência da fidelidade ao Mesmo é muito mais transgressora do que o culto casual do Novo. É muito mais transgressora a aparição do senso de pudor do que sua extinção. Nada, de fato, parece mais digno de resultar obsceno! A proliferação do gozo desvinculado da Lei da palavra mostra que a ação do simbólico não tem mais condições de moderar o real do gozo que, ao contrário, espalha-se sem limites. O sentimento do obsceno implica, de fato, uma crença no limite, no valor ético do pudor, enquanto, na época do triunfo do desencanto cínico e narcisista, provocado pela afirmação do discurso do capitalista,

8 Para uma definição deste conceito, ver Massimo Recalcati, Desiderio, godimento e soggetivazione. In: Massimo Recalcati, *Jacques Lacan*. Milão: Raffaello Cortina, 2012. A expressão *surplus-juissance* tem sua tradução consolidada em português como «mais-de-gozar». [N. T.]

essa crença é destinada a eclipsar-se e nossa época se torna aquela do gozo em excesso, a época dos traumas.[9]

A Lei da palavra

O drama terrificante de *Salò*, de Pasolini, é o drama daquilo que Lacan nomeou como «gozo mortal» (*jouissance mortelle*), ou um gozo que não respeita nenhum limite simbólico, um gozo profundamente incestuoso e, portanto, mortífero.[10] Reencontraremos esse gozo no caso de Telêmaco. A noite de *Salò* não é, de fato, como a «noite dos Pretendentes», a noite de um gozo sem desejo, de um gozo como dissipação pura da vida? A noite de *Salò*, como a noite dos Pretendentes, não é a noite do gozo que perdeu toda a relação com a Lei da palavra? O ultraje dos corpos praticado pelo quarteto perverso do *Salò* pasoliniano está em total consonância com a ofensa ininterrupta a que, na *Odisseia*, os jovens submetem a casa de Ulisses, seu filho Telêmaco e a sua esposa Penélope. Esse ultraje e essa ofensa violam a única versão da Lei que conta na perspectiva da Psicanálise. A qual Lei estou me referindo? A uma Lei não escrita, ausente nos Códigos e nos livros de Direito. A uma Lei que não se encontra nem mesmo nos Dez Mandamentos bíblicos, mas que está na base de toda a Civilização possível. Trata-se de uma Lei que torna possível todas as outras Leis. A Psicanálise chama essa Lei fundamental de *Lei simbólica da castração*, mas podemos também chamá-la *Lei da palavra*. O que estabelece essa Lei, que é a *Lei das*

9 Cf. Collete Soler, *L'epoca dei traumi*. Roma: Biblink Editori, 2004.

10 Cf. Jacques Lacan, *O Seminário, livro 18. De um discurso que não fosse semblante*. Texto estabelecido por Jacques-Alain Miller. Trad. Vera Ribeiro. Rio de Janeiro: Zahar, 2009.

Leis? Estabelece que, sendo o humano um ser de linguagem, sendo sua casa a casa da linguagem, o seu ser só pode se manifestar por meio da palavra. Estabelece que é o evento da palavra que humaniza a vida e torna possível a potência do desejo, introduzindo no coração do humano a experiência da perda. O que isso significa? Significa que a vida se humaniza e se diferencia da animal por meio de sua exposição à linguagem e ao ato de palavra. A vida puramente biológica é mortificada pela ação da linguagem — não se pode permanecer ligado ao cordão umbilical, nem ao seio, nem às próprias fezes, nem se pode ter tudo, gozar de tudo, ser tudo, assim como não se pode falar quando se come e não se pode fugir das restrições que as leis da linguagem impõem à comunicação entre os seres falantes *etc.* —, mas essa mortificação simbólica não é uma amputação da vida — como erroneamente creem o libertino Sade e o pedófilo, que buscam o gozo aquém da linguagem, no corpo incorrupto e inocente das vítimas ou da criança —, mas a sua maior riqueza. A experiência do impossível tem uma relação estreita com a existência da linguagem. É a linguagem que age como uma estrutura de separação, impondo à vida uma perda de vida como condição à sua humanização. Essa perda não deve, contudo — e repitamos —, ser vista como uma expiação moral, um déficit, uma doença. Não é condenação, sacrifício, maldição teológica. Essa perda é antes de tudo um conforto, um alívio, uma abertura nova da vida. É salvação da vida porque somente o encontro com a existência do limite e da falta pode gerar o desejo como potência criativa, afastando-o do culto neurótico ao sacrifício e do fanatismo perverso do gozo mortal. Neurose e perversão são, de fato, dois nomes que indicam uma adoração sacrificial do limite (neurose), ou uma ênfase no gozo que recusa toda a experiência do limite (perversão). Trata-se de dois passos em falso que geram apenas sofrimento e doença. Enquanto a inibição neurótica cultiva uma paixão patológica pelo limite, a fim de tentar constituir a existência do Outro como Ideal — como refúgio e garantia absoluta da vida —, o perverso encena o limite, mas apenas para transgredi-lo continuamente, para negar o impossível, para tornar «tudo possível».[11]

A experiência do limite é introduzida pela Lei da castração como Lei que promete salvar o humano do abismo do gozo mortal. A Lei que sustenta o desejo como possibilidade de alcançar um Outro gozo em relação ao mortal não é uma opressão da vida, mas a sua possível liberação. Não é o que acontece talvez na relação de um filho com os seus pais? Por um lado, o filho encontrará neles a aresta inadmissível do impossível, do limite, da Lei como o que impede o gozo incestuoso de tudo; mas, por um outro lado, justamente graças ao encontro com esse impossível, ele será um herdeiro, receberá o direito de desejar por conta própria, receberá a força da Lei do desejo, a faculdade que torna viva a vida.

Mais precisamente, a Lei da palavra funda a interdição simbólica do incesto: se o ser humano é um ser de palavra, isso significa que ele está separado do gozo imediato da Coisa materna. Significa que a Lei da palavra, castrando o gozo incestuoso, impede, como diria Lucrécio, que «todos possam querer tudo». Ela nos introduz à dimensão finita, dependente, ferida, da vida. Impõe a renúncia ao gozo imediato e ao seu fantasma de autoconsistência. Estabelece que a humanização da vida comporte uma renúncia à satisfação integral da pulsão. Desse ponto de vista, a Lei da palavra — a Lei simbólica da castração — introduz uma troca que está na origem de todo pacto social possível: a renúncia ao gozo de tudo, a querer

11 Essa negação do impossível encontra o seu canto mais comovente, mas talvez também mais desesperado, na cultura antiedípica, que se formaliza de modo filosoficamente completo em Gilles Deleuze; Félix Guattari, *O anti-Édipo*. Trad. Luiz B. L. Orlandi. São Paulo: Editora 34, 2010.

tudo, a ser tudo, a saber tudo; torna possível o ter um Nome, o ser um homem, a inscrição no corpo da comunidade a que pertenço. Se aceito perder parte do meu ser — se «o homem renuncia a predominar sobre o outro e a querer viver sozinho», como diria ainda Lucrécio[12] —, a minha existência ganhará sentido humano, poderá dar sentido à sua presença para o mundo, poderá participar da vida da cidade, ter direito de cidadania na comunidade dos falantes e dos mortais.

O evento da palavra é, acima de tudo, o evento de um corte simbólico que inscreve no humano a dimensão do impossível. A vida que adere à Lei da palavra é vida em menos vida, vida empobrecida de vida, vida mortificada pelo símbolo, mas, justamente por isso, vida humana, vida aberta à vida, vida de desejo, vida além da natureza, vida imersa na ordem da cultura. Se a vida não fosse atravessada pela Lei da palavra, seria pura vida animal, impulso acéfalo, tendência ao gozo mais imediato, vida dominada pelo instinto, vida presa à vida, vida sem destino mortal. A ação da Lei da palavra expõe, ao contrário, a vida ao impossível, tornando-a, desse modo, humana. Por causa da existência do Outro da linguagem, a vida humana nunca é dona de si, mas se encontra lançada na vida sem poder, como diria Heidegger, «assenhorar-se do seu fundamento». Isso significa que a vida humana nunca pode apoderar-se de si. Nenhum ser falante pode autogerar-se, pode constituir-se apenas de si mesmo, nenhuma vida pode prescindir do Outro da linguagem. Não se pode virar dono absoluto da própria vida; na verdade, quando a vida persegue a realização desse

12 Lucrécio, *Da natureza das coisas*. Trad. Luís Manuel Gaspar Cerqueira. Lisboa: Relógio D'Água, 2015.

ideal de domínio, acaba sempre nos braços da ilusão mortífera e totalitária que a destrói justamente em nome da sua afirmação.[13]

A exposição da vida à sua contingência ilimitada gera o humano como um ser que provém do Outro. A Lei da palavra sanciona, acima de tudo, essa falta de fundamento da vida, separando-a de si mesma e aniquilando, assim, a unidade identitária da vida animal propriamente dita. A linguagem age sobre a vida revelando de que modo ela nunca é autodeterminada — nem mesmo pelo instinto —, mas depende constitutivamente da ação do Outro. Sem a presença do Outro, a vida humana morre, seca, perde o sentimento próprio da vida, apaga-se. É isso que os traumas infantis ligados a abandonos precoces colocam em total evidência. A Lei da palavra é a Lei do reconhecimento do desejo do Outro de que se nutre a vida humana. A fim de que minha vida tenha um sentido, para que possa constituir-se como humana, ela não precisa só de pão, mas do fermento do desejo do Outro. Nesse sentido, a vida do *falasser* é apelo, demanda de amor em direção ao Outro, demanda de ser algo para o desejo do Outro. Se esse fermento falta, a vida cai no sem-sentido, torna-se vida sem vida, vida apagada.

13 É um ponto sobre o qual insiste com força única a teologia de Bultmann, em sua potente interpretação da loucura do nazismo e, mais genericamente, do fenômeno do totalitarismo. Toda visão antropocêntrica do mundo corre risco de alimentar essa loucura; o pecado e a soberba maiores da criatura humana, que se pensa livre de débito, estão em negar o débito simbólico que liga a vida ao Outro, gerando-se a si mesma narcisicamente. Cf. Rudolf K. Bultmann, *Prediche di Marburg*. Brescia: Queriniana, 1973.

Como se transmite a Lei da palavra?

A vida começa a morrer quando começamos a falar, porque o ato de falar revela a exposição aleatória da vida à linguagem e à sua Lei, que é a Lei do Outro. O pai é o símbolo dessa Lei e por isso é responsável por preservar, antes de tudo, a experiência do impossível. Se a vida se humaniza somente graças ao encontro com a interdição do incesto, um pai pode realizar essa inscrição apenas se assumir para si o fenômeno do limite — o fenômeno do impossível — mostrando-se ele próprio submetido à Lei da palavra. Isso significa que um pai não é aquele que tem a última palavra sobre o sentido da vida e da morte, mas é sobretudo aquele que sabe levar a palavra e, consequentemente, sabe perder o poder de ter a última palavra. Se um pai não assumisse para si a experiência do impossível que a Lei da palavra inscreve no humano, a Lei degeneraria em mera imposição autoritária. Se não se quer reproduzir um exercício apenas sádico da Lei, o ato que introduz o impossível deve ser mediado por um testemunho singular que porta, consigo, o próprio sentido do limite. Quero dizer que, a fim de que haja função simbólica de limite, o limite deve, acima de tudo, ser uma experiência de quem o faz existir. Podemos dar um exemplo evocando a cena bíblica do sacrifício de Isaac. O que, na verdade, deve chocar nesse episódio não é tanto a oferenda sacrificial de Isaac a um Deus ávido de sangue, mas a submissão de Abraão à Lei da palavra, que exige que até o filho mais amado, o filho mais esperado, o filho da promessa, deva ser perdido, deva ser abandonado. Abraão, o pai, não tem a última palavra sobre o destino do filho, mas é aquele que sabe perdê-lo, sabe deixá-lo ir. Nesse sentido, ele não faz a Lei, mas responde a uma Lei — a Lei da palavra — que o eleva e que impõe a todos os pais e mães a perda de seus filhos, deixando-os ir, sacrificando seu gozo, não os considerando como propriedades. Mas podemos também nos referir a outros exemplos. O de um pai que, diante da filha anoréxica internada em fim de vida e submetida a alimentação forçada, abandona o seu pequeno império financeiro para passar as noites na cabeceira de sua cama; renuncia a seu gozo imediato feito de operações na Bolsa, de títulos acionários, de compras e vendas acrobáticas, para entrar em um outro território. A filha verá isso como o gesto de um «cavaleiro que abandona sua armadura por amor». Esse homem, que nunca deixou faltar nada à filha predileta, de quem cuidou com carinho após a morte da mulher, oferece pela primeira vez o dom da sua falta, da sua insuficiência como pai, o dom da sua vulnerabilidade. Finalmente pode dar à filha não aquilo que tem — a sua «ração», como ela o descrevia com desprezo —, mas aquilo que não tem, ou o signo da sua falta.[14] Desse modo, ele renuncia a ser a Lei, mas aplicando a Lei sobre si pode se liberar daquela rígida armadura que esfria todo gesto seu e que o torna burocrático e anônimo. Deparando-se com a Lei da castração, ele pode reconhecer que esteve servilmente identificado com uma Lei puramente sádica. Nesse caso, a chantagem anoréxica — em sua trágica crueldade — obriga-o a desmanchar aquela identificação e a reconhecer uma outra Lei — a Lei da palavra —, que lhe permite dar à filha a própria castração, de alcançá-la não por meio da oferta ilimitada e anônima de objetos, mas graças ao signo do amor.

Podemos trazer do cinema duas outras cenas exemplares. A primeira é aquela do filme *Billy Elliot* (2000), escrito por Lee Hall e dirigido por Stephen Daldry, no qual o sonho de um filho de tornar-se bailarino, de início impedido ostensivamente pela família

14 Eu lembro que, para Lacan, o amor é «dar ao Outro aquilo que não se tem», isto é, o signo da nossa falta.

humilde de mineiros ingleses, porque feria a imagem viril do macho em uma cultura de grupo rude, machista e homofóbica (o pai o havia empurrado sem resultados para o boxe), acaba, no fim — diante da tenacidade do desejo do menino — apoiado sem reservas pelo pai e pelo irmão mais velho. O pai enfrenta, na época da grande crise econômica das minas inglesas em 1984, uma dívida pesadíssima e uma humilhação subjetiva (infringir a greve de que foi um dos promotores), até conseguir, por meio da mobilização de toda uma comunidade, oferecer ao filho a possibilidade de prestar os exames de seleção em uma célebre escola de dança clássica.

Mas ainda mais eficaz é o ensinamento que podemos trazer de um filme belga, *O filho* (2002), dirigido pelos irmãos Dardenne, Jean-Pierre e Luc, que conta a história de um rapaz, assassino de um outro rapaz da mesma idade, a quem vem imposto, depois da prisão, um período de reeducação junto a um homem que ele não sabe ser o pai da vítima e que, para reinseri-lo na sociedade, empenha-se em ensinar-lhe o ofício de carpinteiro. O rapaz vive o seu processo reeducativo sem perceber minimamente o sentido do gravíssimo ato cometido. A Lei se mantém para ele somente como uma limitação externa que lhe impõe algumas condições para a reinserção na sociedade. Quando o pai descobre a identidade do rapaz que lhe foi confiado, mal consegue conter sua sede de vingança. Por sua vez, depois de ter descoberto a identidade de seu reeducador, o rapaz tenta fugir, mas é alcançado pelo homem, que desiste, no último instante, antes de executar outro gesto homicida, estrangulando-o. A Lei de talião é suspensa pela irrupção da Lei da palavra. A partir daqui, dessa submissão do pai à Lei, da renúncia ao gozo da vingança, surge a possibilidade de uma nova e mais autêntica adoção simbólica do rapaz e, da parte do próprio rapaz, uma compreensão mais subjetiva da Lei. Como se a interdição simbólica de matar, que anima a Lei da palavra, pudesse ser efetivamente introjetada pelo sujeito como Lei própria somente a partir da transmissão, tornada possível pelo ato paterno de renunciar ao gozo da vingança, isto é, pela sua submissão libertadora à Lei da castração.[15]

Todos esses exemplos mostram como, para que a Lei da palavra possa ser transmitida de uma geração a outra, um pai — um genitor — é responsável por aplicá-la antes de tudo a si mesmo, é responsável por viver a experiência da perda do seu gozo. Um pai, nesse sentido, não se identifica nunca com a Lei porque é o seu respeito pela Lei da palavra que o torna pai. Então a Lei da castração que ele é obrigado a veicular não é castigo, expiação, punição. A Lei da castração é, acima de tudo, o que impede que haja *gozo da Lei*. O pai é o símbolo da Lei, mas apenas como possibilidade de representar a Lei sem gozar da Lei. A sua palavra é o símbolo de uma Lei que humaniza a vida, separando-a da vida animal. O pai age como portador da Lei que proíbe o gozo incestuoso e, ao mesmo tempo, é aquele que oferece como herança o sentido da Lei não enquanto castigo, mas como possibilidade de liberdade, como fundamento do desejo. O pai é responsável por veicular não tanto o anonimato da Lei em si, mas a sua mais radical humanização. O que significa, então, transmitir a Lei como uma Lei humanizada? Significa transmitir a Lei não em oposição ao desejo, mas como suporte do desejo. Nesse sentido, Lacan declara «a verdadeira função do Pai, que é, essencialmente, unir (e não opor) um desejo à Lei».[16] O pai não é o detentor da Lei, não sabe qual o sentido último do mundo, o que é, em última instância, justo

15 Extraí este vigoroso exemplo de Jean-Pierre Lebrun, *La perversion ordinaire. Vivre ensemble sans autrui*. Paris: Denoël, 2007, p. 234-235.

16 Jacques Lacan, Subversão do sujeito e dialética do desejo. In: Jacques Lacan, *Escritos*. Trad. Vera Magalhães. Rio de Janeiro: Zahar, 1998, p. 839.

e injusto, mas sabe mostrar, por meio do testemunho encarnado da sua existência, que é possível — é sempre ainda possível — dar *um sentido* a esse mundo, dar um sentido ao justo e ao injusto. A tarefa do testemunho paterno é, de fato, a de tornar possível um sentido do mundo. Mas é também a de transmitir o desejo de uma geração a outra, de transmitir o senso de futuro; nem tudo já aconteceu, nem tudo já foi visto, nem tudo já foi conhecido. Herdar não é só receber um sentido do mundo, mas é também a possibilidade de abrir novos sentidos do mundo, novos mundos de sentido. Por essa razão — como veremos melhor em seguida —, o herdar não é um fechamento em relação ao passado, mas uma «retomada», como explicava a seu modo também Kierkgaard, um *retroceder avançando.*[17]

Somos um grito na noite

A existência de um novo mal-estar da Civilização, de que a difusão epidêmica das novas formas do sintoma (toxicomania, pânico, depressão, dependências patológicas, anorexias, bulimias *etc.*) é uma manifestação eloquente, põe em evidência uma crise profunda do processo de filiação simbólica. A vida aparece desvinculada do sentido. O sentido cede diante dos golpes insistentes do gozo mortal como nova forma (perversa) da Lei. A difusão inquietante da depressão também entre as novas gerações ilustra emblematicamente essa dificuldade de preservar a transmissão do desejo entre elas. No entanto, resta inabalável uma verdade que a experiência da Psicanálise sustenta cotidianamente: para que a vida seja viva de verdade, é necessária uma transmissão do

17 Søren A. Kierkegaard, *La represa*. Milão: Edizioni di Comunità, 1983.

desejo de uma geração a outra. A vida humana é de fato «humana» porque não pode ser submetida à mera satisfação das demandas. A vida é vida humana enquanto for animada pela transcendência do desejo como desejo do Outro; é exposição, abertura, demanda de amor e de senso de revolta em relação ao Outro.

A vida como tal, como evento da natureza, como vida animal, agarra-se à vida; a vida quer viver. A vida é vontade de vida, vontade de repetição de si mesma. Não há qualquer diferença, desse ponto de vista, quando se observam um menino e um gatinho sugarem o seio e o úbere da própria mãe. A vida é fome de vida, impulso de sobrevivência, impulso autoafirmativo de si mesma. A vida quer a vida. O que deve acontecer para que a vida se humanize? Para Lacan, o lugar primário da humanização da vida é aquele do grito. Mas o que é o grito? No humano, ele exprime *a exigência da vida de entrar na ordem do sentido, exprime a vida como apelo voltado ao Outro*. O grito busca, na solidão da noite, uma resposta no Outro. Nesse sentido, ainda antes de aprender a rezar, ainda mais no tempo em que rezar não é mais como respirar, *nós somos uma prece voltada ao Outro.*[18] A vida pode entrar na ordem do sentido somente se o grito for acolhido pelo Outro, pela sua presença e pela sua escuta. Só se o Outro responde à nossa prece. Se essa presença for traduzida em um apelo. Eis o acontecimento primário em que a vida se humaniza: quando o grito é traduzido em uma forma radical de demanda; quando o grito se torna demanda de amor, demanda não de qualquer coisa, não de objeto, mas de sinal do desejo do Outro, demanda da presença presente do Outro. Desse modo, é o socorro do Outro que extrai a

18 É o ponto extremo a que chega a oração como tal, como Tomás de Celano lembra que acontece a São Francisco: «Não rezava mais, já havia se tornado oração» (*nom tam orans, quam oratio factus*). Enzo Bianchi, *Perché pregare, come pregare*, Milão: San Paolo, 2009, p. 51.

vida de seu «abandono absoluto», do desamparo que acompanha a sua vinda ao mundo.[19] Respondendo ao grito, o Outro extrai a vida de sua escala animal e salva-a do horror da noite, reservando-lhe um lugar particular no seu desejo, no desejo do Outro. Isso não significa evidentemente apagar o fato de que somos — no fundo da nossa existência — gritos perdidos na noite, de que a tradução do grito em demanda de amor não pode não deixar um resto de real, impossível de traduzir. Demonstram isso todas aquelas experiências penosas de abandono e de perda que tivemos na nossa vida e que fazem reemergir esse fundo escuro, essa prostração melancólica e angustiante de estar no abandono mais absoluto, de ser só um grito perdido na noite. Como acontece em uma cena enigmática e comovente contada por Lacan, em que um menino (quem era? Um paciente seu? Um familiar? Seu filho?), diante da indiferença do Outro, torna-se literalmente um peso morto, uma vida sem vida, deixando o pequeno corpo cair pendurado, incapaz de retribuir um abraço nunca recebido:

> Eu vi, também eu, vi com meus olhos arregalados pela adivinhação maternal, a criança, traumatizada com a minha partida a despeito de seu apelo precocemente esboçado na voz e daí em diante mais renovado por meses e meses — eu a vi, bastante tempo ainda depois disso, quando eu a tomava, essa criança,

19 *Hilflosigkeit* é a palavra usada por Freud para descrever a condição jogada e sem fundamento da existência humana. Em alemão, *Hilf* significa literalmente «ajuda», enquanto *Losigkeit* significa «perda». Lacan a traduz com a expressão mais poética do «abandono absoluto». Cf. Jacques Lacan, *O Seminário, livro 10. A angústia*. Texto estabelecido por Jacques-Alain Miller. Trad. Vera Ribeiro. Rio de Janeiro: Zahar, 2005. Na tradução brasileira de Vera Magalhães, encontram-se «desamparo» e «desamparo absoluto». [N. T.]

> em meus braços — eu a vi abandonar a cabeça sobre meu ombro para cair no sono, o sono unicamente capaz de lhe dar acesso ao significante vivo que eu era depois da data do trauma.[20]

Adormecer, apagar, deixar-se cair como peso morto, são respostas do corpo diante do abandono traumático do Outro. Acontece também com os adultos. Não por acaso a regressão à raiz insensata da vida é central na clínica da depressão, quando o sujeito experimenta com uma evidência insuportável a falta de sentido da própria vida, a sua queda, como peso morto, no buraco da noite. Sem a resposta do Outro, a vida cai no desalento. Por essa razão, os gritos das crianças afligidas pela pólio que, chorando, invocam desesperadamente «mamãe e papai, procurando em vão um vulto conhecido», descrito por Philip Roth em *Nêmesis*, aparecem como cacos de real que nenhuma ordem simbólica — nem mesmo aquela de Deus — pode absorver. Trata-se da irrupção da vida no sem-sentido em relação à qual qualquer interpretação religiosa pareceria um «capricho infantil». É a perplexidade levantada biblicamente por Jó: a dor da existência desafia a ordem do sentido, mostrando a sua inconsistência estrutural. Diante dessa perplexidade, o protagonista de *Nêmesis*, Bucky, não se conforma. Exige que a tragédia da pólio, que invadiu a cidade, em que ele se descobre ao mesmo tempo — em uma divisão sarcástica — o primeiro defensor das pobres vítimas e o portador saudável da doença, tenha um sentido, ainda que o da culpa. É isso que a voz do narrador não tolera:

20 Jacques Lacan, *O seminário, livro 11. Os quatro conceitos fundamentais da psicanálise (1964)*. Texto estabelecido por Jacques-Alain Miller. Trad. Vera Ribeiro. 2. ed. brasileira. Rio de Janeiro: Zahar, 1985, p. 63-64.

> Bucky não conseguia aceitar que a epidemia de pólio entre crianças de Weequahic e do campo de Indian Hill tivesse sido uma tragédia. Devia transformar a tragédia em culpa. Devia encontrar um porquê para tudo que tinha acontecido. Existe a epidemia e ele precisa encontrar a razão dela. Deve perguntar por quê. Por quê? Por quê? Que se trate de algo de insensato, contingente, incongruente e trágico não o satisfaz. Que se trate da proliferação de um vírus não o satisfaz. Procura, ao contrário, desesperadamente uma causa mais profunda, este mártir, este maníaco do porquê, e encontra o porquê ou em Deus ou em si mesmo ou, misticamente, misteriosamente, na letal fusão de todos em um único destruidor.[21]

É o mesmo drama que vive o padre Paneloux, o pastor da cidadezinha invadida pela peste no célebre romance de Albert Camus.[22] Seus dois sermões seguem raciocínios diferentes. No primeiro, o evento da peste é decifrado a partir de uma intenção punitiva de Deus e, portanto, dotado de um sentido. Os homens merecem a desventura que os alcança. O trauma do flagelo lhes impõe a reflexão sobre os próprios pecados. A propagação impetuosa da doença e da morte — sobretudo aquela dos inocentes, das crianças — leva, porém, padre Paneloux a mudar decididamente de registro. No segundo sermão — quando a peste já invadiu toda a cidade e «depois de ter olhado por longo tempo morrer uma criança» — o acento não é mais colocado sobre a intenção redentora de Deus, mas sobre sua castração — sobre a castração de Deus —,

21 Devo a evocação desse episódio a Federica Manzon (conversa privada). Philip Roth, *Nêmesis*. Trad. Jorio Dauster. São Paulo: Companhia das Letras, 2011. [N. T.: a tradução acima, no entanto, é nossa]

22 Albert Camus, *A peste*. Rio de Janeiro: Record, 2017.

sobre o caráter insensato e totalmente absurdo da peste trágica que nenhum sistema simbólico jamais terá condições de absorver na ordem do sentido. O sofrimento do inocente é um escândalo impenetrável que resiste a toda decifração. A respeito dessa indecifrabilidade, não se pode mais invocar o desígnio providencial de Deus, mas é preciso admitir a obscenidade da insensatez do mal, tentando, contudo — como fizeram heroicamente alguns religiosos do convento de La Mercy, devastado pela grande praga de Marselha —, «ser aquele que permanece».[23]

Fuga da liberdade

Salò, de Pasolini, descreve o inferno na terra. Mas quando, como diria Lucrécio, o inferno acontece de verdade na terra? O inferno na terra não é o mal-estar da Civilização de que falam Freud e os psicanalistas. Este mal-estar é inevitável porque é o efeito do antagonismo entre o ímpeto acéfalo da pulsão, que desejaria se satisfazer imediatamente, e o programa da Civilização, que lhe impõe o adiamento de tal satisfação. Não é assim que se dá o inferno na terra. Para Freud, o mal-estar da Civilização não é o inferno, mas define a condição humana como tal; a Civilização exige uma domesticação, um refinamento civilizatório do ímpeto da pulsão. Impõe ao homem, para usar uma expressão de Freud, uma «renúncia pulsional», em troca do seu reconhecimento como homem. Está em jogo o sacrifício do gozo como condição para ser incluído na comunidade de falantes e dos mortais. A Lei da palavra impõe à pulsão, de fato, o caminho do exílio do corpo. Não se pode gozar da Coisa materna. É necessário dar uma volta mais longa,

23 Ibid.

é necessário abandonar os objetos familiares, desvencilhar-se do corpo materno, aventurar-se no mundo.

Quando, então, o inferno ocorre na terra? O século XX, mais do que qualquer outro, conheceu o inferno na era terrificante dos totalitarismos que devastaram o Ocidente. Fascismo, nazismo, stalinismo deram vida ao fantasma delirante e titânico de um Pai louco, ávido de sangue. Qual foi sua amarga lição? O homem tende a refutar a própria liberdade, vive a sua liberdade como um peso que gera angústia. A psicologia das massas totalitárias mostra dramaticamente como o sacrifício de si, o sacrifício da própria liberdade, ou, como diria Erich Fromm, a «fuga da liberdade» (*Escape from freedom*)[24] anima a adesão fanática à Causa (da História, da Raça, da Natureza). Mostra uma tendência gregária do humano a libertar-se da própria liberdade para se refugiar no grande corpo social da massa indivisa, na identificação («desprovida de cérebro», diria Bion) com a massa.[25] As utopias totalitárias do século XX foram todas edificadas sobre a recusa à Lei da palavra, proclamando a loucura lucreciana do «todos querem tudo». O século XX foi o século do desvario das massas. Nietzsche havia mostrado como o humano ainda não estava preparado para a liberdade. Há, no humano, uma tendência a refutar a liberdade, a acomodar-se passivamente, a refugiar-se no rebanho, a gozar do próprio sacrifício. As massas renunciaram à liberdade para servir o Deus obscuro da Causa. Nietzsche nos havia advertido a seu modo. A experiência da liberdade é uma experiência

24 Erich Fromm, *O medo à liberdade*. Rio de Janeiro: Zahar, 1965.

25 Sobre os riscos tóxicos da identificação à massa, é insuperável a obra de Eugenio Gaburri; Laura Ambrosiano, *Ululare coi lupi. Conformismo e rêverie*. Turim: Bollati Boringhieri, 2003. Sobre esse tema, ver também o estudo clássico de Wilhelm Reich, *Psicologia de massas do fascismo*. Trad. Maria da Graça M. Macedo. 3. ed. São Paulo: Martins Fontes, 2001.

vertiginosa, abissal, angustiante. Os seres humanos são verdadeiramente capazes de serem livres? O homem está em condições de viver o tempo da «morte de Deus», isto é, o tempo da ausência de garantia e da falta de fundamento? O homem está à altura da tarefa que lhe impõe a própria liberdade? A liberdade comporta sempre uma cota de angústia porque nos expõe, a todo momento, ao aspecto contingente e desprovido de garantias da nossa escolha e dos nossos atos. A insanidade das massas foi a de buscar no corpo da Ideologia um refúgio seguro diante da angústia insuportável da liberdade. A loucura do século XX foi, como bem mostrou Hannah Arendt, «loucura da ideologia».[26] Certamente, os homens são homens porque vivem de Ideais e não só de pão, mas são igualmente homens porque, justamente vivendo de Ideais, podem chegar a matar, destruir, devorar-se. Podem ser totalmente possuídos pelo Ideal. Não foi essa a loucura humana, a hipnose coletiva que o século XX representou tragicamente? O inferno tomou a forma paranoica da destruição do inimigo ao rejeitar, na ignorância culpada, a verdade segundo a qual o verdadeiro inimigo está sempre dentro de si. Já recordava isso, antes da Psicanálise, uma máxima do Evangelho: o impuro não entra no homem, *o impuro está no homem*. Não entra, mas sai do homem. É um tópico subversivo do sermão de Jesus sobre a tradição judaica que concebia a purificação por meio de rituais exteriores, como o ritual de lavagem das mãos. Essa tradição está radicalmente descompassada em relação à afirmação de Jesus, segundo a qual «não há nada fora do homem que, entrando nele, possa contaminá-lo», porque são apenas «as coisas que saem do homem que contaminam o homem». A quem contesta seus discípulos por não respeitarem

26 Hannah Arendt, *Origens do totalitarismo: antissemitismo, islamismo, totalitarismo*. Trad. Roberto Raposo. São Paulo: Companhia das Letras, 2013.

a tradição que determinava o ritual da lavagem das mãos e dos recipientes antes de comer, identificando paranoicamente o impuro como um germe externo ao homem — como inimigo externalizado —, Jesus afirma o princípio de que somente «aquilo que sai do homem contamina o homem», porque só «de dentro do coração do homem saem os pensamentos maus: devassidões, roubos, assassinatos, adultérios, cobiças, perversidades, fraude, desonestidade, inveja, difamação, orgulho, loucura: todas essas coisas más vêm de dentro e contaminam o homem».[27] Reencontramos a mesma ideia em Freud: o bárbaro não é outro do sujeito, mas o ser pulsional que eu mesmo sou. De nada serve, portanto, exterminar o inimigo como se fosse um germe, não servem medidas sanitárias, nem rituais higiênicos de purificação, nem barreiras imunitárias; o mal nunca vem só de fora; o mal mais inextirpável habita o nosso ser.

O fantasma da liberdade como fantasma hipermoderno

O nosso tempo parece assumir com uma falsa euforia a condição escabrosa de insanidade e de abandono que acompanha a nossa existência. O nosso tempo financia a dimensão fetichista do Eu como novo ídolo que recobre — como ocorre com propriedade na função do fictício — a angústia primordial ligada à nossa condição de insanidade. A celebração do Eu, da sua autonomia, do seu poder deliberativo e da sua autoconsistência, é um valor sintomático do

27 Evangelho segundo Marcos 7, 20-23. Trad. Centro Bíblico de São Paulo. 11 ed. São Paulo: Ave Maria, 1967.

nosso tempo. Esse culto do Eu, para Lacan, é a «loucura maior».[28] O fantasma hipermoderno da liberdade como desdobramento do Eu é a manifestação fundamental dessa loucura. De qual liberdade se trata? De uma liberdade desligada da responsabilidade. Isso comporta o apagamento da própria origem, das próprias raízes, do débito simbólico para com o Outro. *O fantasma da liberdade rejeita, junto com a experiência do limite, a descendência, a própria experiência da filiação, recusa a condição de sermos filhos.* A afirmação do Eu se dá em contraposição à existência do Outro, contra a transcendência da linguagem que impõe ao humano a necessidade de subordinar-se à Lei da palavra. O nosso tempo recusa essa subordinação, proclamando de modo delirante o «fazer-se» por si mesmo do homem, rejeitando sua condição de filho — Lacan dizia mesmo «de servo» — da linguagem. Tornarmo-nos genitores de nós mesmos é uma loucura tão grande quanto aquela que sustenta o Eu como senhor da própria casa. A liberdade que deriva daí coincide com um fantasma de onipotência que repele o caráter finito da existência. Essa liberdade não surge da castração, da finitude (é o grande tema, além da Psicanálise, de todo o existencialismo filosófico), mas exprime o desvario do Eu como desvario de apropriação do próprio fundamento. É, portanto, liberdade que recusa a responsabilidade que define, ao contrário, o movimento singular da herança. Não se pode esquecer de que, como recorda precisamente Massimo Cacciari, o termo «herdeiro» vem do latim *heres*, que tem a mesma raiz do grego *cheros*, que significa «deserto, desnudo, ausente». Isso significa que não há diferença entre o herdeiro e o órfão, porque quem pode realmente herdar é «somente aquele que se descobre *orbus*,

28 Sobre a «loucura maior» do narcisismo à luz da psicanálise, ver Massimo Recalcati, *Jacques Lacan*, Milão: Raffaello Cortina, 2012. p. 1-66.

orphanos».[29] Todo o movimento autêntico do herdar supõe o corte, a separação, o trauma do abandono do pai, a experiência da perda, do ser, precisamente, órfão. Essa é a tensão profunda que caracteriza, como veremos por meio da figura de Telêmaco, o movimento do herdar. Uma fidelidade passiva, sem alma, não permite a subjetivação do nosso passado. O herdar não é a busca por uma segurança identitária. Implica muito mais um salto à frente, uma ruptura, uma retomada perigosa. O nosso tempo recusa a condição desarraigada do herdeiro-órfão para afirmar uma liberdade que gostaria de encontrar somente em si mesma o seu fundamento. Trata-se de uma dimensão alucinada da liberdade. O *homo felix* do frenesi maníaco hipermoderno reduz a entidade trágica da «lealdade à terra» — de que falava Nietzsche — a uma modinha de realejo: a liberdade se livra de toda a responsabilidade para sustentar a afirmação do gozo narcísico como gozo do Um sem o Outro. Não se trata absolutamente de um prolongamento frívolo do imanentismo que habita a vontade de potência nietzschiana.[30] Em Nietzsche, a liberdade nunca justifica o arbítrio, mas, ao contrário, atinge o auge da responsabilidade: como habitar um mundo sem Deus? Como o homem pode dar sentido a uma terra desabitada por Deus? Como poderá ser «humano», de um jeito diferente daquela versão do homem que transfere a responsabilidade da liberdade para os Ídolos da metafísica? Nessas questões devemos colocar todo o sentido ético da reflexão de Nietzsche e o seu apelo para que o homem possa realmente

29 Massimo Cacciari, Il peso dei padri. In: Ivano Dionigi, (org.). *Eredi. Ripensare i padri*. Milão: Rizzoli, 2012. p. 28.

30 É um dos pontos de maior distância das análises que Mauro Magatti desenvolve no seu importante trabalho: Mauro Magatti, *La libertà immaginaria: le illusioni del capitalismo tecno-nichilista*. Milão: Feltrinelli, 2009; e *La grande contradizione. I fallimenti dela libertà e le vie del suo riscatto*, Milão: Feltrinelli, 2012.

estar à altura da sua missão de liberdade. Diferentemente, o *homo felix* — o homem hipermoderno, o homem hiper-hedonista — gostaria de liquidar a questão da responsabilidade fazendo-a passar por um problema antiquado. Uma liberdade simplesmente e radicalmente desprovida de preocupações. O que conta é fazer o que se quer sem querer assumir as consequências dos próprios atos. A liberdade hipermoderna separa ato e responsabilidade. Ela não tem suas raízes na reflexão de Nietzsche, que nada mais fez do que interrogar a possibilidade de o homem assumir para si o peso ilimitado da responsabilidade que comporta a liberdade, mas na afirmação do discurso do capitalista, que promete salvação por meio da idolatria a objetos. Por isso, o coração do fantasma hipermoderno da liberdade consiste em *dissociar liberdade e responsabilidade*. Rompendo esse nexo que liga a liberdade à responsabilidade (nexo que se estende de Nietzsche até Heidegger e Sartre), o *homo felix* experimenta uma liberdade degradada a mero capricho. O capricho é, de fato, uma forma de liberdade separada do sentido ético da responsabilidade. A irresponsabilidade do capricho consiste na pulverização do nexo entre o ato — sobretudo o ato de palavra — e as suas consequências.

A liberdade de massa

Em nosso tempo, o inferno não tem mais origem nas chamas loucas da ideologia. Estamos diante de uma nova versão — *soft* — do totalitarismo. O mal-estar freudiano da Civilização deriva da experiência de renúncia e impõe ao humano subordinar sua vida à Lei da palavra. Não se trata de uma maldição, como vimos, mas da própria condição de humanização da vida. O melhor que poderia nos acontecer é sermos governados, submetidos, assujeitados à Lei da palavra. O século XX, no entanto, alterou profundamente essa Lei. O sonho de todo totalitarismo é encontrar a pureza de uma Origem (a Raça, a Natureza, a História) que preceda a Lei da palavra. A versão hipermoderna do totalitarismo, ao contrário renunciou a todo pensamento sobre a Origem. O novo inferno nasce a partir de uma distorção profunda do mal-estar freudiano da Civilização. Enquanto aquele mal-estar se originava do conflito entre o plano da pulsão e o plano da Civilização — o processo civilizador comportava a morte do animal e o sacrifício pulsional do homem —, esse de agora parece nascer a partir do culto perverso a um gozo imediato, ilimitado, absoluto, sem barreiras. Um gozo sem Causa, um gozo que não goza do sacrifício, mas só de seu crescimento e de seu infinito incremento. Esse gozo que a máquina do discurso do capitalista põe difusamente à disposição já não é mais aquilo que a Lei da castração limita, mas se torna uma nova forma da Lei. A única forma possível da Lei. A Lei que conta é a Lei do gozo; é o gozo que assume as formas de um dever paradoxal, onde, como anunciava Lucrécio, «todos querem tudo». O gozo não é aquilo que transgride a Lei, mas é a versão hipermoderna da Lei. Daqui se origina aquele mal-estar hiper-hedonista da Civilização que esteve no centro de muitos dos meus trabalhos.[31]

Qual mentira sobre o humano deriva dessa nova configuração do mal-estar da Civilização? Por que esse inferno implica uma nova desumanização do homem em relação àquela que povoou a tragédia do século XX? A mentira fundamental diz respeito, como já frisamos, à noção de liberdade. O homem livre é um homem reduzido a um puro impulso de gozar, a uma máquina de gozo

31 Entres eles, em particular, Massimo Recalcati, *Clinica del vuoto: anoressie, dipendenze, psicosi*. Milão: FrancoAngeli, 2002; e *L'uomo senza inconscio. Figure della nuova clinica psicoanalitica*. Milão: Raffaello Cortina Editore, 2010. p. 3-69.

que, de modo algum, realiza a promessa de libertação que parece, contudo, alimentar. Essa nova representação do homem é alternativa ao homem ideológico do século XX porque o que o move não são mais as grandes paixões ideais, mas o ímpeto compulsivo do gozo mortal. A concepção de vida do *homo felix* surge pragmática e hedonista. Mas, como ensina a clínica psicanalítica, a pulsão desprendida do desejo torna-se apenas pulsão de morte. O homem hipermoderno quer ir a fundo no arroubo de gozar para além do desejo. A sua questão é radical: o que pode dar sentido a essa vida, que não seja o gozar desesperadamente até a morte? Que não seja a repetição eternizadora do gozo? Não é esse o imperativo superegoico do nosso tempo? Não é essa a sua perversão de fundo? Gozar absolutamente, para além da Lei da palavra! Se todos os ideais se afundaram na merda — como mostra o *Salò* de Pasolini —, se perderam toda a consistência, o que resta é somente o homem como pura máquina de gozo. É o traço cínico e narcisista do nosso tempo. Cada um reivindica o próprio direito à felicidade como direito de gozar sem sofrer qualquer tipo de intrusões da parte do Outro. Trata-se de uma nova ideologia, de uma ideologia que surge sobre o abandono de toda ideologia. Ela exalta a libertação do desejo dissociando radicalmente a renúncia pulsional — para Freud, efeito de humanização da vida produzida pelo plano da Civilização — do sentido. Essa nova versão do humano funda-se sobre a deterioração da experiência do desejo. O que está destinado a tornar-se desejo além da Lei da palavra? Vira um impulso ávido por gozar a própria vida até a morte. Reduz-se ao movimento, repetitivo e sem satisfação, de preenchimento impossível do homem como um «vaso furado», segundo a célebre imagem proposta por Lucrécio.[32] Mas esse preenchimento é impossível porque a natureza

32 Lucrécio, op. cit., parte VI, p. 20.

do ímpeto pulsional que o atravessa é insaciável. Dessa visão do desejo, temos um retrato incomparável em *A parábola dos cegos*, do flamengo Bruegel:[33] uma coluna de cegos agarrados a um guia cego. Uma fila errante, guiada para o abismo. O desejo hipermoderno parece viver o mito da expansão de si, da melhoria de si, do próprio fortalecimento, mas, na verdade, isso gera apenas uma procissão infinita de objetos que não dão qualquer satisfação. Nenhum objeto pode de fato preencher aquele «vaso furado» de que é feito o homem. A potência salvífica, medicinal, analgésica do objeto é o segundo grande embuste do nosso tempo. Como se o que trouxesse a salvação fosse o novo objeto, o objeto mais novo. No entanto, o vaso continua furado. O desejo insaciável, enquanto consome os seus objetos, consome também quem os consome. Não há aqui nenhuma libertação, apenas coação, servidão, dependência patológica. O desejo insaciável gera apenas escravidão. Não liberdade de massa, como promete o discurso do capitalista, mas apenas sujeição anônima. O paradoxo que comanda a liberdade hipermoderna é que ela não é livre. O Novo vira um imperativo superegoico, revelando-se como a outra face do Mesmo. O que se repete infinitamente é, de fato, a mesma insatisfação. O inferno hipermoderno consiste em reduzir a liberdade a mero arbítrio do capricho. É a festa contínua, sem respeito pela Lei da palavra, da noite dos Pretendentes. O desejo se transfigura em um gozo compulsivo. O mal-estar da Civilização não assume mais o rosto do sacrifício e da renúncia pulsional, mas aquele desvairado das bulímicas, dos drogados, dos alcoólatras, dos acossados pelo pânico, dos jovens apáticos e sem compromisso. A pulsão se desvencilhou

33 Para um comentário mais amplo, ver Massimo Recalcati, *Ritratti del Desiderio*. Milão: Raffaello Cortina, 2012. p. 75-86.

do desejo e não obedece, de nenhum modo, à Lei da palavra: é só pura vontade de querer tudo.

Porém, o desejo não tem somente essa face tirânica e insatisfeita do desejo insaciável. Ele é também o que resiste ao império do gozo mortal. O que pode salvar a vida dessa nova forma de escravidão? É o desejo como vocação, abertura, força que transcende o imediatismo do consumo. É desejo que não crê no poder salvífico do objeto e no seu caráter serial. É desejo que não vai cegamente atrás da miragem do Novo, mas que extrai o novo da fidelidade ao Mesmo porque sabe fazer Novas as mesmas coisas. Essa força — a potência do desejo — não é uma antítese da responsabilidade, mas é uma forma radical e ilimitada da responsabilidade. Na *Odisseia*, Ulisses, o pai de Telêmaco, revela-o no gesto do tiro com o arco. É necessária uma força orientada pela memória, força sábia, força para alcançar a própria parte perdida. O arco se dobra, não rejeita as mãos de quem sabe reconhecê-lo, de quem, por sua vez, dobra-se à sua força.[34]

Morrer pelo trabalho

A Lei da palavra impõe o desprendimento dos objetos mais familiares, subverte a ordem natural do imediatismo, impondo o adiamento do gozo. Mas este adiamento — como já dissemos — não é de modo algum uma maldição. A forma mais bem-sucedida de adiamento ou de sublimação pulsional é o *trabalho*, que não por acaso Hegel definia como um «apetite controlado». Por meio do

34 Cf. Homero, Odisseia. Trad. Carlos Alberto Nunes. Rio de Janeiro: Ediouro, 2001. Canto XXI, p. 351-364. Uma leitura aprofundada dessa cena encontra-se em Luigi Zoja, op. cit., p. 117-120.

trabalho, dá-se forma humana ao mundo, realizam-se projetos, a vida se humaniza. O trabalho — como Marx havia bem compreendido — é uma expressão profunda do programa da Civilização. É o ponto onde a força da pulsão produz a forma do mundo. Somente a evasão alienada do trabalho é que gera perda de sentido, mas o trabalho como tal, como manifestação humana das práxis, é uma forma de realização do homem. Não é perda do sentido, mas o que dá sentido à vida, como mostra a multiplicação de suicídios na época da crise econômica que estamos atravessando. O inferno é ser espoliado do próprio trabalho, da possibilidade de tornar humana a vida, diferenciando-a da vida animal. Por isso a palavra «trabalho» está no centro do discurso do sujeito nestes tempos de grande precariedade. Os pacientes não falam apenas de suas escravidões, dos sintomas, mas também do trabalho como possibilidade de redenção. No trabalho não há, de fato, apenas exploração, brutalidade do Capital, escravização da vida, como um mau uso ideológico do marxismo quis nos fazer acreditar. O trabalho em si — como demonstrou o próprio Marx — não coincide absolutamente com a alienação. A demanda da juventude, mais do que nunca, é sobretudo *demanda de trabalho*. Não é o olhar de Telêmaco, aberto sobre o mar, um olhar de quem espera um trabalho como possibilidade de dar sentido à própria presença no mundo?

Também a crise econômica japonesa, no fim dos anos 1990, teve entre suas consequências um aumento significativo do número de suicídios. Tratava-se majoritariamente de homens acima dos cinquenta anos que se encontraram à margem dos processos de reestruturação industrial. Muitas vezes escolhiam se jogar sob os trens que entravam na estação. A amplitude desse fenômeno levou uma companhia de trens de Tóquio a instalar os assim chamados «espelhos antissuicídio». Os psicólogos japoneses pensavam que restituir ao sujeito a sua imagem poderia ter um efeito dissuasivo: ver a minha imagem de homem no espelho deveria enfraquecer o meu ímpeto suicida. Uma injeção de narcisismo deveria servir para contrastar o sentimento depressivo que conduzia em direção ao abismo. Pensamento ingênuo. A imagem de nós mesmos não é de forma alguma a imagem que o espelho nos devolve, mas aquela que o corpo social nos envia, as pessoas que amamos, que estimamos, aquelas que reconhecem em nós um valor; o espelho que conta é o espelho que nos restitui a dignidade do nosso ser homem. Por isso, para a criança, como afirmava Winnicott, na esteira de Lacan, o verdadeiro espelho é o rosto da mãe. Aqueles que decidem pelo suicídio são homens que perderam a sua imagem, que encontraram um espelho estilhaçado, que não podem mais se reconhecer em nada. Foram espoliados da sua própria imagem porque perderam a possibilidade de trabalho como possibilidade que atribui dignidade e valor à vida, humanizando-a, realizando-a socialmente.

Não só de pão vive o homem, diz a célebre máxima do Evangelho. Os psicanalistas não são certamente os únicos a verificar cotidianamente a verdade dessa máxima: a vida humana não se realiza apenas por meio da satisfação das necessidades primárias, naturais, instintuais. A vida se humaniza somente por meio da aquisição de uma dignidade simbólica que a torna única e insubstituível. A vida se humaniza por meio de seu reconhecimento — pela própria família e pelo corpo social a que se pertence — como vida humana. Diante da trágica disparada de suicídios causados pela perda do trabalho, do fracasso profissional ou da angústia de não conseguir suportar o aumento contínuo das dívidas e a onda sísmica da crise econômica que estamos vivendo, torna à mente toda a potência da máxima evangélica. Não porque o pão não tenha importância. E quem poderia negá-lo, sobretudo em tempos de crise, quando a sobrevivência dos indivíduos e de suas famílias é colocada em risco? Contudo, o drama do suicídio é propriamente humano — e só humano — porque em jogo não está *só o pão*.

A falta de pão pode gerar indignação, luta, conflito, reivindicação legítima de justiça social, desespero, frustração, desânimo. Mas não é a falta de pão em si que pode levar uma vida à decisão de sair do mundo. Marx tinha razão ao recusar-se a considerar o trabalho um mero meio de sustento. Ele pensava que o homem encontrava ali não apenas um meio de ganhar o pão necessário, mas também e principalmente a possibilidade de dar sentido à própria vida, de torná-la diferente daquela animal, de torná-la humana. É o trabalho que dá uma forma ao mundo, que transforma a matéria, que faz negócio, construção, projeto, que sabe gerar futuro. Era isso que levava Marx a conferir ao trabalho humano uma dignidade fundamental e insubstituível.[35] Por essa razão, o trabalho não é principalmente fonte de alienação, mas possibilidade de realização da vida. Não é o que rouba a vida, mas o que a constitui como humana. No entanto, conhecemos períodos da cultura onde o trabalho como tal — e não a sua expropriação capitalista, segundo a tese clássica de Marx — era rejeitado como fonte de alienação e de embrutecimento da vida. Falo obviamente do trabalho, e não das suas condições materiais, que podem animalizar a vida, insultá-la, explorá-la barbaramente. A tese do trabalho em contraposição à vida, e não como condição da sua humanização, atravessa um certo libertarismo ingênuo, que condicionou o movimento de 68 e que prosseguiu ao longo dos anos 1970. Essa cultura acaba hoje — como havia indicado com clarividência Lacan — por convergir

35 O trabalho manifesta, para o jovem Marx, a vida ativa do homem, a essência humana do homem, porque somente no trabalho como «transformação do mundo objetivo, o homem se mostra realmente como ser pertencente a uma espécie (...), enquanto ele se duplica, não somente na consciência, intelectualmente, mas também ativamente, efetivamente, e se vê então em um mundo criado por ele». Karl Marx, *Manoscritti economico-filosofici del 1844*. Turim: Einaudi, 1980. p. 79.

fatalmente para o hiper-hedonismo de que se nutre o discurso do capitalista: o trabalho é só um limite, um peso, uma aflição, um mal. Melhor fazer dinheiro por outras vias, mais rápidas e menos cansativas. Melhor seguir o «caminho curto» e alucinado de uma economia de papel, financeira, especulativa, do que passar pelo «caminho longo» e cheio de obstáculos, como é o caminho do trabalho. A ideologia da liberação do desejo conduz diretamente à recusa cega do trabalho, já que ele é visto como forma de embrutecimento do homem. Mas o que seria uma economia sem o trabalho? Como poderia ser regida, como poderia gerar riqueza? É a grande ilusão da economia financeira que empurrou o Ocidente para o abismo da crise.[36]

Em *Cosa resta del padre?* («O que resta do pai?»), coloquei em evidência um erro fatal presente na legítima contestação de 68 sobre as versões disciplinares e autoritárias da Lei encarnadas pelo pai-senhor. Emancipar-se de verdade do pai não significa rejeitar-lhe a existência. Para dispensar o pai — sustentava Lacan —, é preciso saber servir-se dele. A recusa ao pai como tal aprisiona o pai para sempre; o ódio não liberta, mas vincula para a eternidade, gera apenas monstros, obstrui o deslocamento da vida. A retórica do tornar-se genitor de si mesmo, de que o nosso tempo é um patrocinador desvairado, ignora o fato de que nenhuma vida humana se constitui por si. Rejeitando a paternidade, rejeita-se também a dívida simbólica que torna possível a filiação de uma geração a outra; a liberdade se desvincula da responsabilidade e vira mero capricho, triunfo da

36 Não poderíamos interpretar a oposição entre trabalho e capital financeiro com as categorias de desejo e gozo? O trabalho não é uma das expressões mais altas do desejo? E o lucro realizado com a especulação financeira — obtido por «caminho curto» — não seria um paradigma do gozo mortal que refuta o «caminho longo» da sublimação?

perversão. Pois bem, a propósito do trabalho, as coisas também não são de todo diferentes. A recusa ideológica do trabalho, visto como lugar de mortificação da vida, contrasta fortemente hoje com a desesperada exigência do seu direito, da possibilidade de que exista e de que se ofereça trabalho. As pessoas se matam não para se libertar do trabalho, mas para reivindicar — embora de modo destrutivo — a sua dignidade de homens, para poder realizar a própria essência humana — diria o jovem Marx — *por meio do trabalho*. O herdar como movimento de subjetivação passa pela possibilidade de trabalho. Essa não é talvez uma das razões que impulsionam Ulisses, o pai de Telêmaco, contra a arrogância dissipativa dos Pretendentes? Contra o seu perder-se em um gozo sem satisfação? Contra a recusa deles ao trabalho?

A CONFUSÃO DAS GERAÇÕES

A tarefa dos genitores[1]

A tarefa dos genitores, declarava Freud, é uma tarefa impossível. Assim como governar e psicanalisar, acrescentava. Significa que o ofício deles não pode ser decalcado em cima de um modelo ideal que não existe. Todo pai e toda mãe são chamados a educar seus filhos somente a partir da própria insuficiência, expondo-se ao risco do erro e do fracasso. Por essa razão, os melhores não são aqueles que se oferecem aos filhos como exemplares, mas como sabedores do caráter impossível do seu ofício. Eis uma boa notícia que deveria aliviar a angústia de quem se encontra nessa posição. A clínica psicanalítica confirma impiedosamente essa verdade. Os genitores piores — os que causam mais danos a seus filhos — não

1 Em italiano, *padri* significa *pais* no sentido estrito, ou seja, progenitores masculinos. Como, em português, *pais* pode significar também «pais e mães», buscou-se aqui evitar a ambiguidade, optando-se por *genitores* — também usado no original italiano (*genitori*) —, *progenitores* ou por *pais e mães*, conforme o contexto e o ritmo do texto. [N. T.]

são somente os que abandonam suas responsabilidades furtando--se à tarefa educativa que lhes diz respeito, mas também aqueles que negam a sua insuficiência, aqueles que, em vez de se submeter à Lei da palavra — como pedem aos filhos que façam — pensam presunçosamente encarná-la. São os genitores educadores, aqueles que usam o seu saber como se fosse um poder, e vice-versa. São aqueles que pretendem explicar o sentido da vida porque se sentem *proprietários* da vida de seus filhos. São aqueles que, em vez de acolher a Lei da palavra, tornando-se protetores dela, presumem possuir o direito de ter sempre a última palavra sobre tudo. É essa a maior aberração que recai sobre a figura do genitor-educador e, de modo privilegiado, sobre a figura do pai, que, nesse caso, não é mais — como deveria ser — aquele que sabe dar a palavra, que sabe levar a palavra, mas aquele que outorga, como seu, o direito exclusivo de exercê-la como um poder absoluto.

Essa representação do genitor-educador não é, contudo, o único modo de anular a impossibilidade que comporta o ofício impossível do genitor. Hoje em dia, não prevalece tanto o genitor--educador, mas a outra face espelhada: a figura do *genitor-filho.* Trata-se daqueles genitores que abdicam de sua função, mas não porque abandonam os filhos, nem porque se colocam como os educadores exemplares, mas porque são íntimos demais, parecidos demais, próximos demais a seus filhos. Os piores já não são mais somente aqueles que se sentem investidos de uma tarefa educativa vivida como missão redentora — são os genitores como educadores de profissão —, mas, sim, aqueles que se assimilam simetricamente à juventude de seus próprios filhos. O filho-Narciso se espelha no genitor-filho, e vice-versa. A diferença simbólica entre as gerações se vê substituída por uma confusão estruturante. Trata-se — para retomar uma fórmula de Pasolini — de uma «mutação antropológica» recente: a evaporação dos adultos, rarefatos diante do peso de suas responsabilidades educativas.

A tarefa impossível dos genitores está carregada hoje de novas angústias. Reinventamos a roda se dissermos que o nosso tempo é o tempo da crise simbólica da função da autoridade parental. Isso não quer dizer apenas que pais e mães estão em crise, mas que a Lei da palavra parece ter perdido o seu fundamento simbólico. Se o nosso tempo é o da «evaporação do pai», é porque é o tempo da «evaporação da Lei da palavra» como aquela que zela pela possibilidade de os humanos viverem juntos. Os sintomas dessa evaporação estão diante dos olhos de todos e não fazem frutificar somente o estudo psicanalítico (pais e mães angustiados, filhos perdidos, famílias no caos); eles atravessam todo o corpo social: dificuldade para garantir respeito às instituições, erosão da moralidade pública, eclipse do discurso educativo, perda de um sentido de vida compartilhada, incapacidade de construir laços sociais criativos, triunfo de um gozo mortal desvinculado do desejo... Em primeiro plano não está tanto o enfraquecimento cultural das leis escritas nos códigos e nos livros de Direito, mas do sentido mesmo da Lei da palavra que, como a psicanálise ensina e como vimos, tem, como seu traço fundamental, sustentar a vida humana como marcada por uma falta, por um senso de limite, por uma impossibilidade de autossuficiência.

Esse enfraquecimento cultural da Lei da palavra não gera apenas desorientação, mas também o sintoma de uma invocação compulsiva das leis escritas na forma do apelo reiterado aos juízes, aos tribunais, às normas estabelecidas pelo Código. É um outro traço característico do nosso tempo: *a Lei é continuamente invocada a partir de um defeito de transmissão do sentido simbólico da Lei*. A dissolução da Lei simbólica da palavra multiplica um apelo obsedante à Lei. A clínica psicanalítica define como «delírio persecutório» a tendência a invocar continuamente a intervenção da Lei do Código como um substituto à não inscrição do sujeito na Lei da palavra.[2] Trata-se de um uso real e persecutório da Lei que, na verdade, tenta cobrir o vazio deixado pela foraclusão da Lei simbólica da palavra. Mas a Lei não é ameaça de punição, não é vingança, não porta rancor. O próprio Telêmaco a invoca insistentemente — quando, no momento de abertura da Telemaquia, seguindo o conselho da deusa, convoca a assembleia do povo para pôr a arrogância dos Pretendentes diante da Lei da palavra —, mas a sua invocação não é de modo algum manifesta em delírio persecutório.[3] Nesse tipo de delírio — que é uma derivação «legalista» da paranoia — *o recurso à Lei do Direito vai de encontro à Lei da palavra.* Trata-se de um uso exclusivamente agressivo da Lei, enquanto Telêmaco recorre à Lei da palavra para remover a agressividade mortal que resulta do menosprezo à diferença simbólica entre as gerações. Ulisses torna para matar os filhos que não respeitam a Lei da palavra, que é a *Lei da hospitalidade*. Nas páginas seguintes, tentaremos mostrar como o complexo de Telêmaco se configura como chave de leitura possível para entender o mal-estar hipermoderno da juventude. Diferentemente de quem sofre do delírio persecutório, que gostaria de usar a Lei *ad personam*, a esperança do filho de Ulisses é de que exista chance de justiça para a cidade, para a *polis*; ele invoca a Lei não como opressão da vida, mas como sua libertação.

O atual desenvolvimento do delírio persecutório, caracterizado pelo recurso à Lei jurídica, compensa a dificuldade de pais e mães para fazerem respeitar a Lei da palavra nesse tempo de

2 Foi Giacomo Contri quem revalorizou, já há muitos anos, a importância crucial dessa figura como paradigma de um certo modo (hipermoderno) de abusar impunemente da Lei. Cf. Giacomo Contri, Il lavoro di querela. *La Psicoanalisi*, Roma, n. 1, p. 178-189, 1987.

3 Cf. Homero, op. cit., Canto II, p. 42-43.

confusão entre as gerações. O recurso compulsivo à Lei dos Códigos parece denunciar a dificuldade dos adultos de exercitar a função simbólica da Lei. *A inatividade do Outro simbólico tende assim a mover hiperativamente o Outro do tribunal.* É o que ocorre nas famílias contemporâneas. Há os tribunais que acolhem as crianças maltratadas pelos adultos nos seus litígios conjugais. A instauração da mediação familiar parece ter se tornado indispensável para mitigar conflitos com risco de dissolução.[4] Situação tão mais paradoxal se considerarmos que são frequentemente os filhos que impõem e fazem a Lei na família. São eles que, em vez de se submeterem às regras, ditam-nas. É uma grande mutação antropológica: não é mais o filho que deve se adaptar às normas simbólicas que regulam a vida de uma família, mas são as famílias que se adaptam à Lei estabelecida pelo capricho de seus filhos.[5] A invocação a uma intervenção judicial é um sinal dessa alteração profunda dos papéis simbólicos. Trata-se de um paradoxo hipermoderno: pais e mães, que estão cada vez mais com dificuldade em transmitir a seus filhos o sentido da Lei da palavra, apelam à Lei judicial a fim de que se restitua a eles a propriedade dos filhos!

A violência, o abuso, a desordem caracterizam desde sempre as relações humanas, incluídas as relações familiares. Os conflitos fazem parte da vida. A Lei da palavra não elimina a aspereza das relações humanas. Mas torna possível a sua inclusão em um discurso. Por que então se tornou cada vez mais necessária a intervenção

4 Sobre o dispositivo da mediação familiar à luz da psicanálise, ver o importante trabalho de Marco Bouchard; Giovanni Mierolo, *Offesa e riparazione: per uma nuova giustizia attraverso la mediazione*. Milão: Bruno Mondadori, 2005.

5 Marcel Gauchet, *Il figlio del Desiderio: una rivoluzione antropologica*. Milão: Vita e Pensiero, 2010.

de uma instância terceira, capaz de regular semaforicamente a desordem das relações afetivas mais íntimas? Cada vez mais os problemas da família vão parar na frente de um juiz ou exigem a mediação de um Terceiro. Em uma época em que o Terceiro parece não existir mais, em uma época em que tudo parece igual a tudo, cuja diferença entre gerações parece engolida por uma confusa identificação entre progenitores e filhos, é comum invocar um Terceiro toda vez que se encontra um obstáculo para alcançar os próprios interesses ou os interesses dos filhos. Pais e mães rompem sem problemas o pacto geracional com os professores, se se trata de fazer com que o filho injustamente avaliado não repita o ano, e toda intervenção Terceira é vista com suspeita e desconfiança, como se se tratasse de um abuso de poder.[6] «Por que não se separam se não fazem nada mais que brigar?», perguntava-se um paciente muito jovem. Quando ousou colocar essa questão a seus pais, eles lhe responderam ao mesmo tempo: «E você, o que faria sem a gente?». Subentendendo que estavam se sacrificando pelo seu bem. Resposta: «Então eu deveria morrer pra que vocês pudessem finalmente se separar?». A lógica férrea desse jovenzinho não dá alternativas a seus pais, justamente angustiados com a responsabilidade educativa que assumiram. Sabemos que paternidade e maternidade não podem nunca ser confundidas com o destino, muitas vezes tempestuoso, do casal. Sabemos que os filhos podem ser arrastados para o tremendo vórtice das reivindicações mútuas dos cônjuges. É então que, por exemplo, exige-se a intervenção urgente de um Terceiro. Mas o juiz intervém sobre os filhos ou sobre os adultos? Esse recurso, maior a cada dia, não testemunha talvez uma *diminuição generalizada do papel dos adultos*, no sentido de que põe em evidência quão desgastada está a força de se assumir

6 Cf. Jean-Pierre Lebrun, op. cit.

a responsabilidade da decisão que comporta todo o ato educativo? Em jogo está sobretudo uma delegação de responsabilidade a um juiz. Mas por que o Terceiro deve ser necessariamente encarnado por um juiz, se a Lei da palavra não se identifica com a dos Códigos? O Terceiro não deveria, ao contrário, aparecer na forma do reconhecimento do sentido simbólico da Lei da palavra, que impõe a pais e mães o cuidado dos próprios filhos além de seus interesses pessoais? O sentido simbólico da Lei está hoje desacreditado ou é totalmente confundido com a existência material dos Códigos. Assim, o delírio persecutório difuso revela, na recorrência contínua à Lei do Direito, um defeito de subjetivação da Lei da palavra que afeta o mundo dos adultos. Restituir valor ao caráter simbólico da Lei implicaria para pais e mães saber renunciar às expectativas narcisistas sobre seus filhos. O ato educativo carrega consigo o destino de separação que acompanha a relação dos progenitores com os filhos. Saber perder os próprios filhos é o dom maior de pais e mães, que se inicia no momento em que assumem a responsabilidade de representar a Lei da palavra. Ser pai, como nos lembra a chocante passagem bíblica do sacrifício de Isaac, implica, acima de tudo, a dimensão da renúncia radical da posse dos próprios filhos, implica saber «entregá-los ao deserto».[7]

A Lei e as leis

A vida da comunidade torna-se possível devido à mediação simbólica que a Lei da palavra impõe. A vida humana se realiza por meio da linguagem, que obriga a um contínuo e trabalhoso exercício

7 Marilynne Robinson, *Gilead*. Turim: Einaudi, 2008. p. 134. Agradeço Aurelio Mottola por ter me feito dono desse livro.

de tradução: torno-me o que sou somente se passo pela mediação do Outro (família, instituições, sociedade, cultura, trabalho *etc.*). Muitos psicanalistas observam como essa mediação institucional necessária à vida atualmente está em crise.[8] Todas as instituições se encontram em dificuldade para preservar a sua função Terceira. Agir em prol dos interesses da coletividade é percebido como abuso de poder contra a liberdade do indivíduo. Um forte vento sopra em direção contrária à função simbólica das instituições. São múltiplos os exemplos desse vento e afetam também a nossa vida cotidiana. Diante de uma nota ruim, pais e mães tendem a alienar-se mais aos próprios filhos do que aos professores; podem mudar de escola ou reivindicar a sua causa recorrendo aos tribunais; assumir uma postura educativa suscita a suspeita de um exercício de poder arbitrário; a internet oferece a possibilidade, a quem se considera escritor, de fazer seu próprio livro on-line sem passar pelo juízo dos editores; as amizades não passam mais pela mediação indispensável do encontro, mas são cultivadas de modo anônimo nas redes sociais; ante a dimensão necessariamente estressante do conflito político, prefere-se a opção da violência, do insulto ou da difamação calculada do adversário. Até mesmo os sintomas que afligem a vida das pessoas mudaram de sinal; enquanto, há algumas décadas, apareciam centrados nos sofrimentos de amor e na importância irrenunciável das relações sociais, hoje não é mais a ruptura da relação o que faz sofrer, mas é a existência da relação que é rejeitada, porque fonte de desconforto. Eis, então, que se formam novas etnias monossintomáticas das anoréxicas, dos depressivos, dos panicados,

8 Cf. Jean-Pierre Lebrun; Elisabeth Volckrick (org.). *Avons-nous encore besoin d'un tiers?*. Toulouse: Érès, 2005.

dos toxicômanos, cada uma reunida em torno da própria insígnia fetichista.[9] O exemplo talvez mais inquietante aflige o mundo da juventude. Milhões de jovens vivem, no mundo considerado civilizado, como prisioneiros voluntários recolhidos em seus quartos. Interromperam toda a ligação com o mundo, retiraram-se da vida, abandonaram escola e trabalho. Essa multidão anônima prefere o retiro autístico, o fechamento narcisístico em si mesmo, à dificuldade da tradução imposta pela Lei da palavra. É um sinal dos nossos tempos. O Terceiro aparece sempre mais como um intruso. Contudo, não existe vida humana que não se constitua por meio da mediação simbólica do Outro. O choro angustiado de uma criança à noite nos convoca a uma resposta, a uma presença, chama-nos para nossa responsabilidade ilimitada de acolher a sua vida. O mito do fazer-se por si, da autogeração, assim como o de fazer justiça por si, é, ao menos para a Psicanálise, um mito fascista. Ninguém é dono das suas origens, como ninguém pode ser salvador do mundo. Não existe comunidade humana sem mediação institucional, sem mediação simbólica, sem o trabalho paciente da tradução.

Esse declínio da mediação simbólica não significa apenas que o nosso tempo perdeu a função orientadora dos grandes Ideais da modernidade e escorre desprovido de horizontes seguros para além das certezas consolidadas que grandes narrativas ideológicas do mundo (catolicismo, socialismo, comunismo *etc.*) e as suas instituições disciplinares (Estado, Igreja, Exército) asseguravam. Esse declínio mostra, como diria Pasolini, uma verdadeira «mutação antropológica» da vida. O nosso tempo é o tempo em que o individualismo se afirma em sua versão mais cínica e narcisista, investindo a dimensão institucional da mediação simbólica em

9 Cf. Massimo Recalcati, *L'omogeneo e il suo rovescio: per una clinica psicoanalitica del piccolo gruppo monosintomatico*. Milão: FrancoAngeli, 2005.

uma suspeita radical: todas as instituições que deveriam garantir a vida da comunidade não servem para nada, são, na melhor das hipóteses, pesos mortos, pesos velhos que freiam a vontade de afirmação do indivíduo ou, na pior das hipóteses, lugares de desperdício e de corrupção obscenos. Mas como? Não é tarefa das instituições, como declarava Lacan, pôr um freio no gozo individual, tornando possível o pacto social, a vida em comum?

A violência dessa crise econômica produziu uma justa desconfiança generalizada em relação a tudo aquilo que age em nome da vida pública, em relação a tudo aquilo que foge ao controle direto do cidadão. As instituições não souberam preveni-la, freá-la, administrá-la. O caso da política se impõe como exemplar. O lugar que deveria conseguir estabelecer a integração pública das diferenças individuais sob o signo do bem da *polis* — o lugar mais eminente do exercício da tradução simbólica — revelou-se corrupto pela afirmação mais aberrante dos interesses individuais. O homem político, liberado do peso da ideologia, foi reduzido a um vigarista que somente rouba para si mesmo.[10] Nesse sentido, Lacan respondia às

10 Antes de confiarmos nosso destino aos assim ditos «técnicos», a Liga* havia procurado no mito — aquele das fontes do Rio Pó e do Ideal da terra padana** — um modo para salvaguardar a política da sua evaporação tecnocrática. Hoje, o novo populismo afirma a total insensatez do mito, apoiando-se sobre a democracia tecnológica garantida pela rede para evitar o «embuste» da mediação política. Mas ambas as opções — a do mito e a da democracia tecnológica — parecem ser profundamente narcisistas, porque incapazes de captar que a política é precisamente arte da mediação, exercício contínuo de tradução.
* *La Lega* (a Liga), no caso, é uma referência ao partido italiano *Lega Nord*, a Liga Norte, de extrema-direita, que comandava a Itália até pouco antes desta tradução. [N. T.]
** A «terra padana» a que o autor se refere é bastante conhecida como *pianura padana*, planície padana, e também chamada de Vale do Rio

críticas dos estudantes de 68 — que o reprovavam por não avalizar a revolta contra as instituições — dizendo que não existe nenhum «fora» da mediação imposta pela linguagem. O destino dos seres falantes é de fato o da tradução, do ser lançado, exposto à língua do Outro. Lacan, em 1968, tira a ilusão do ímpeto revolucionário dos estudantes: não existe possibilidade de uma revolta animada pela ruptura com o campo institucional da linguagem não recair na mesma violência da qual queria ter se liberado. A revolução reconduz sempre a seu ponto de partida, carrega sempre consigo um novo senhor.[11] Não é somente um ensinamento da história, mas também, mais modestamente, da prática da Psicanálise. A raiva dirigida aos pais, a recusa a tudo aquilo que foi recebido, a negação do nosso

---

Pó (o maior rio italiano, que corta toda a parte setentrional da Itália, ou seja, atravessa o norte do país, onde, segundo os preconceitos ainda vigentes, situa-se a Itália que produz e carrega o restante do país). Vem daí a ironia do autor ao falar sobre os mitos desvairados em cima da figura do homem superior do Norte. [N. T.]

11 A invocação de uma democracia direta, que reaja de modo anti-institucional à debilidade e à degeneração insuportável das instituições, corre o risco de abrir as portas para o precipício de um populismo que acabe por jogar fora, junto com a água suja da democracia, também a sua criança. O grillismo* produz uma forma de participação direta do cidadão que rejeita todo o tipo de mediação e, consequentemente, critica a função social dos partidos como se fosse um ferro velho da democracia. Os sinais de discórdia que atravessam esse movimento não anunciam, porém, nada de bom. É um filme que já vimos. É uma lei histórica e psíquica, coletiva e individual ao mesmo tempo: quem se põe do lado de fora do sistema de confrontação política e do exercício da mediação simbólica que a democracia impõe, acaba por gerar o mesmo monstro que justamente combate.

* Grillismo: referência a Beppe Grillo, comediante e político italiano fundador do Movimento 5 Estrelas, partido que ganhou força na Itália dos últimos anos. [N. T.]

estatuto de herdeiros, corre sempre o risco de gerar um protesto estéril, que se infiltra no túnel cego da violência e do insulto, que impede de separar o joio do trigo, que faz de tudo farinha do mesmo saco e, por último, mas não menos importante, que mantém para sempre a ligação com o pai de que se queria libertar, reeditando seu rosto monstruoso e autoritário.

Adulterações

Pais e mães parecem ter se perdido no mesmo mar onde todos os dias se perdem seus filhos. Em primeiro plano, já não mais a diferença geracional, mas a *confusão entre as gerações*. É sempre mais difícil crescer em um mundo que sonha com a eterna juventude e que rejeita a experiência real do impossível. Essa redução a zero da responsabilidade subjetiva é uma marca do nosso tempo. Uma recente comédia americana, *Young Adult*, de Jason Reitman, parece nos dar — já a partir do título — a temperatura da estranha febre que está invadindo o mundo dos adultos. No filme, o desaparecimento desse mundo é celebrado como uma miragem de regeneração; a adulteração do adulto consistiria na sua regressão a uma imaturidade teimosa, na recuperação (impossível) do tempo passado, em uma recusa a assumir a responsabilidade ilimitada que a sua função comporta. A trama é, ao mesmo tempo, pacificadora e eloquente: uma escritora divorciada, sem se dar conta da irreversibilidade do tempo, retorna a sua cidadezinha de Minnesota para reconquistar o namorado da escola, que durante esse tempo se casou e tem um filho.

O que está acontecendo? Se um adulto é alguém que busca assumir as consequências de seus atos e de suas palavras — é uma definição de «adulto» que me permito propor, para além de uma simples demarcação etária —, não podemos senão constatar um forte declínio da sua presença em nossa sociedade. Pensemos em todos aqueles que, investidos de tarefas institucionais, perseguem impetuosamente seus interesses pessoais em vez de servir aos interesses comuns. Nessas figuras pueris que nos governaram e que condicionaram o imaginário coletivo oferecendo-se como modelos de um gozo livre, emancipado da castração, não refreado pela Lei da palavra. Mas também no comandante Schettino,[12] que, para não renunciar à exibição da sua malfadada potência fálica, como se estivesse em um videogame, coloca em risco a vida de milhares de pessoas. Ou naqueles genitores que, em vez de se ajudarem na tarefa educativa dos filhos, rejeitam-na tranquilamente e mostram-se sempre prontos para defender as razões inconsistentes de seus filhos diante dos professores ou das primeiras dificuldades que a vida impõe.

Os adultos parecem ter se perdido no mesmo mar em que se perdem seus filhos, sem mais nenhuma distinção geracional; recorrem às amizades fáceis nas várias redes sociais, vestem-se do mesmo modo que os filhos, brincam com seus brinquedos, falam a mesma linguagem, têm os mesmos ideais. Esse novo retrato do adulto exalta o mito imortal de Peter Pan, o mito da juventude perene, a retórica de um culto à imaturidade, propositora de uma felicidade que não se pensa e está livre de toda a responsabilidade.[13] É um sinal do nosso tempo: «meu pai», confessava-me, desolada, uma menina filha de pais separados, «só corre atrás das

12 Francesco Schettino era o comandante do navio Costa Concordia, que, em 2012, naufragou depois de bater em uma pedra de granito perto da Ilha de Giglio. Trinta e duas pessoas morreram, e Schettino foi julgado culpado devido à demora de mais de uma hora para ordenar que a embarcação fosse desocupada. [N. T.]

13 Cf. Francesco M. Cataluccio, *Immaturità. La malattia del nostro tempo*. Turim: Einaudi, 2004.

minhas amigas e depois pede para se abrir comigo!». Não seriam, na verdade, os adultos de hoje, mais do que os próprios filhos, os verdadeiros bebezões? Nesse sentido, o diálogo de Schettino com o capitão Gregorio de Falco assumiu o valor de um verdadeiro paradigma: não narra somente um confronto dramático entre dois homens em uma situação de grande tensão e perigo, mas sinaliza para nós uma divisão interna na geração de adultos, entre aqueles que assumem — ou buscam assumir — o peso de seus atos, e aqueles que, em vez disso, querem continuar a jogar com a vida como se fosse um *PlayStation*. Os exemplos poderiam evidentemente ser multiplicados, mas todos eles convergem para sublinhar um fato: *a solidão das novas gerações* — que define a posição de Telêmaco à espera do retorno do pai — deriva sobretudo da dificuldade que os adultos têm de sustentar aquela responsabilidade ilimitada que o seu papel educativo comporta.

Transgressão ou apelo à Lei?

Existe um modelo moral e classicamente edipiano que define a relação entre o desejo e a Lei. É aquele que conjuga a Lei com a sua transgressão. É aquele que vê, de um lado, o desejo e a sua pulsão estruturalmente perversa e polimorfa, e, de outro, a autoridade moral e rigidamente repressiva da Lei. Trata-se de uma versão da Lei que tem em seu núcleo o antagonismo com o desejo. Trata-se, é importante acrescentar, de uma versão apenas fantasmática e patológica (neurótica) da Lei. Nesse modelo, a Lei funda a possibilidade da transgressão na medida em que traça um campo, define o limite normativo que o desejo tende a ultrapassar transgressivamente. Nesse caso, é a Lei que faz o pecado, segundo uma fórmula célebre de Paulo de Tarso, retomada mais de uma vez por Lacan. O nosso tempo nos obriga, no entanto, a atualizar esse modelo edipiano da relação entre Lei e desejo.

Um paciente na casa dos cinquenta anos me contava da emoção que o invadia quando, jovem, infiltrava-se na biblioteca da cidade e furtava livros que não poderia comprar. Na repetição compulsiva do ato de roubar, não estava em primeiro plano o objeto-livro, mas a relação do sujeito com a Lei e a «estranha» excitação que acompanhava o ato transgressivo do furto. Essa excitação assinalava a superação de uma fronteira, provinha da sensação de contornar a Lei. Nesse caso, a transgressão implicava necessariamente a existência da Lei, a sua presença rígida, pois sem ela não teria havido excitação alguma, já que o sentido próprio da transgressão teria desaparecido.

Uma jovem paciente bulímica me contava sobre sua tendência irresistível de roubar nos supermercados. Tratava-se de um verdadeiro impulso cleptomaníaco que não conseguia controlar (vez ou outra acompanhado de amnésia, que não a fazia se lembrar de ter roubado). Também esses furtos — como aqueles do paciente de cinquenta anos — não giram em torno dos objetos roubados, dos quais o sujeito se desfaz logo, com indiferença. Mas, nesse caso, eles não acontecem nem mesmo para repetir a emoção da transgressão, para desafiar ou para contornar a Lei. Esses furtos não giram em torno da Lei. A ilegalidade desse comportamento responde a uma razão que inverte a dinâmica edipiana da transgressão, pela qual o objeto mais desejado é aquele mais proibido; é o objeto atingido pela interdição simbólica da Lei da castração. Que novo ensinamento podemos tirar a partir da cleptomania dessa jovem paciente? Ela insiste em ir além da Lei, insiste em repetir um ato fora da Lei, mas *apenas para ser vista, para ser reconhecida, para fazer existir o Outro da Lei*. Não para fraudar a Lei, gozando da emoção perversa de escapar ao seu olhar, mas, paradoxalmente, justo para *dar um corpo à Lei*. Alguém repara em mim?

Existe uma Lei que ainda possa me ajudar a não me perder, a não desaparecer? Existe um Outro em condições de me parar, de fazer existir um limite para o gozo mortal? A cleptomania desesperada dessa jovem mostra que quem foi verdadeiramente roubado é o próprio sujeito. Durante a sua vida jamais encontrou nos pais — preocupados demais em cultivar suas diversas relações sentimentais para poderem se ocupar dela — um «Não!» que fosse um «Não!» de verdade, ou seja, uma interdição simbólica como um dom da Lei da palavra, como dom que humaniza a vida. Mas não encontrou nos pais sequer uma palavra que dissesse respeito a ela, nem mesmo, e principalmente, uma escuta da sua palavra. «Não conto nada para eles», repetia, tristemente aborrecida. Em sua passagem ao ato do furto, não há gozo de transgressão, mas invocação da Lei, invocação do Outro da palavra. Por que vocês me abandonaram? Por que não me veem? Por que não percebem que eu existo?

Essa jovem não está simplesmente fraudando a Lei ou gozando da emoção por sua transgressão. De um modo paradoxal, está fazendo justamente o contrário: está tentando ser vista, ser notada pela Lei, *fazer existir uma Lei*. Existe uma Lei em alguma parte, ou, mais simplesmente, um adulto que possa me responder, que possa perceber a minha existência?

A pergunta dessa menina é a pergunta de muitos de nossos jovens, e é uma pergunta que insiste e coloca-nos contra a parede: vocês ainda existem? Existem ainda os adultos? Existe ainda alguém que saiba assumir responsavelmente o peso da própria palavra e dos próprios atos? Na cleptomania dessa menina, podemos colher todos os sinais do mal-estar contemporâneo da juventude. No centro, não está mais o conflito edipiano entre as gerações, o conflito entre a Lei e a sua subversão transgressiva, mas a solidão de uma geração que se sente deixada de lado, abandonada, que busca um parâmetro no mundo dos adultos, mas não o encontra, que se cansa de procurar adultos com quem medir o próprio projeto de mundo. A grande crise atual da economia capitalista e o risco real de empobrecimento material e mental de todos nós amplifica e torna esse dado ainda mais decisivo. Que mundo estamos oferecendo de herança para as novas gerações? O que podemos fazer para dar outra vez esperança a um Telêmaco inconsolável? Como podemos mostrar à jovem cleptomaníaca que existe uma Lei confiável, um olhar capaz de ver e de reconhecer a sua existência? Não é isso que pode salvar da solidão e do abandono? Não é isso que anima a esperança de Telêmaco? A menina bulímica que rouba nos supermercados não tem o mesmo nome de Telêmaco? Existe alguém em condições de ler, na sua transgressão, a insistência de uma demanda simbólica de reconhecimento? Não é isso, no fundo, que nos pedem os nossos filhos? Se o lugar que caberia ao adulto fica vazio, despovoado, recusado, será difícil que as novas gerações se sintam reconhecidas, será difícil que possam se sentir filhos de verdade. Filhos de quem? De qual genitor, de qual adulto? De qual testemunho de vida?

Repitamos: o adulto não é obrigado a encarnar nenhum modelo de perfeição, nenhum ideal normativo. Aliás, já falamos disso, entre os seus piores exemplares devemos justamente catalogar aqueles que se oferecem como modelos ideais aos olhos dos jovens. Se um genitor não mostra a sua relação com o impossível, com a sua castração, como poderá transmitir o sentido dela aos seus filhos? Se um adulto negligencia em seus atos o sentido simbólico da Lei da palavra, como fará para tornar esse sentido crível a seus filhos? É o caso do pai de uma menina gravemente anoréxica. Frequentemente se fazia encontrar por sua filha, bem no meio da tarde, nu na frente da televisão, enquanto assistia a filmes pornô. O que fere nessa cena é a total ausência de véus com que o pai exibe o seu gozo. É preciso, também nesse caso, ser claro: não é o gozo do pai em si que é nocivo para a filha, mas é a sua manifestação sem barreiras que força a filha a introduzir a Lei da castração por meio da anorexia, que obriga o pai a dar uma atenção diferente para o corpo de sua filha. Nesse caso, a intervenção preliminar ao tratamento foi exigir do pai o respeito à Lei da palavra, que exige que o gozo sexual de um adulto não implique incestuosamente o dos filhos. Desse modo, o analista tenta reintroduzir um respeito pela Lei que esse pai demonstrava não ter. A sua operação aparentemente prescritiva («evite se mostrar nu para sua filha enquanto vê filme pornô!») tem como finalidade submeter o gozo paterno a uma Lei que o transcenda. Como pode esse pai exigir que a filha seja produtiva e ativa na escola e que tenha uma relação positiva com o próprio corpo se ele dá, de si, a imagem de um corpo que goza sem filtros simbólicos (nu em pleno dia) diante do olhar atônito da filha? Entre outras coisas, nesse caso, o desencadeamento da anorexia aconteceu depois de um teste de dança, quando a filha ficou paralisada na frente do olhar paterno, ocupando inconscientemente a mesma posição das mulheres nos filmes pornô que o pai usava para sua excitação masturbatória.

Não se deve pedir a um adulto que represente o ideal de uma vida por assim dizer moral, nem, muito menos, de uma vida completa, mas que *dê peso à própria palavra*, o que significa, acima de tudo, tentar *assumir todas as consequências de seus atos*. Um adulto não é obrigado a encarnar nenhum ideal de perfeição, mas é obrigado a dar peso simbólico à própria palavra. E isso significa mostrar-se aos próprios filhos como dependente, por sua vez, de uma Lei — a Lei da palavra — a que ele se submete.

Um novo mal-estar da juventude

Havia uma época em que os psicanalistas consideravam a crise da adolescência como uma manifestação psíquica da tempestade puberal, que transformava o corpo infantil no de um jovem homem ou de uma jovem mulher. Era o despertar da primavera: como habitar um novo corpo que não é mais o corpo de uma criança, mas que manifesta com força novas exigências e novos desejos?

Hoje a tesoura evolutiva distancia cada vez mais a puberdade da adolescência: a idade puberal parece instituir uma nova precocidade — meninas e meninos de dez, onze anos se comportam como verdadeiros adolescentes — enquanto, ao contrário, a adolescência se prolongou para muito além da puberdade e parece não terminar nunca. Essa defasagem evolutiva é, por sua vez, o indício de uma outra e mais profunda contradição que torna, em certos aspectos, insustentável a condição de nossos jovens. De um lado, eles são lançados, com grande antecipação em relação à sua idade mental, em um mundo riquíssimo de informações, saberes, sensações e oportunidades de encontro, mas, de outro, são, em seu percurso de formação, deixados sozinhos pelos adultos.

Nenhuma época como a nossa conheceu uma liberdade individual e de massa como a que experimentam os nossos jovens. Todavia, a essa nova liberdade não corresponde nenhuma promessa de futuro. A velha geração desistiu de seu papel educativo entregando, por consequência, aos nossos filhos, uma liberdade fatalmente mutilada. A oferta frenética de novas sensações multiplicou-se quase a ponto de suplantar a ausência dramática de perspectivas de vida. Eis então delineado um aspecto importante do novo mal-estar da juventude: de um lado, os nossos filhos estão expostos a um bombardeio contínuo de estímulos e a sua liberdade parece ilimitada, enquanto, de outro, os adultos se evadem da tarefa educativa que a diferença geracional determina simbolicamente para eles, e cuja função seria, hoje, se possível, ainda mais preciosa do que no passado, quando a educação era garantida pela força do grande Outro da tradição. Recordo um velho professor do ensino fundamental que tinha o hábito de reiterar insistentemente uma metáfora educativa tristemente famosa: «Sois como videiras que crescem tortas, encurvadas, enroladas sobre si mesmas. É preciso uma vara e um arame para segurar a vinha e fazer vocês crescerem direito. Eu serei para vocês essa vara e esse arame!». Em um passado anterior à contestação de 1968, a tarefa da educação era interpretada como uma supressão das tortuosidades, das anomalias, dos defeitos de que é feita a singularidade da vida. Hoje, porém, essa metáfora botânica, tremendamente repressiva, não orienta mais — menos mal — o discurso educativo. Hoje não existem mais — menos mal — varas retas e arames com os quais corrigir as tortuosidades das videiras. O problema se tornou principalmente o da ausência de cuidado que os adultos manifestam em relação às novas gerações. Está em jogo a pulverização de todo o discurso educativo, que a ideologia hiper-hedonista achou por bem liquidar rapidamente, por entendê-lo como um discurso repressivo. É, pode-se dizer, a inversão da perspectiva de Foucault: o Outro do controle se enfraqueceu até dissolver-se e lançar as novas gerações em um mundo sem Lei.[14] Não que os adultos, em geral, não estejam preocupados com o futuro de seus filhos, mas essa preocupação não coincide absolutamente com cuidar deles. Os genitores de hoje são, de fato, bastante preocupados, mas essa preocupação muitas vezes não está em condições de oferecer suporte à formação de seus filhos. O nosso tempo é marcado por uma profunda alteração dos processos de filiação simbólica das gerações. Por um lado, como em uma espécie de Édipo às avessas, são os pais que matam seus filhos, não abandonam o posto, não sabem se retirar, não têm cuidado com o porvir; por outro, os pais

14 Cf. Giovanni Bottiroli, Non sorvegliati e impuniti. Sulla funzione sociale dell'indisciplina. In: Massimo Recalcati (org.). *Forme contemporanee del totalitarismo*. Turim: Bollati Boringhieri, 2007. p. 118-140.

não querem parar de ser eles também filhos, não querem perder nada, não assumem as consequências simbólicas da sua palavra.

A vida dos nossos filhos está aberta a um saber sem véus, não só aquele traumático da jovenzinha anoréxica a propósito da nudez de seu pai, mas também aquele relativo ao mundo dos adultos, outrora impermeável a toda pergunta, hoje reduzido a uma espécie infeliz de queijo suíço: os filhos sabem tudo de seus pais e mães, mesmo aquilo que seria melhor não saber. A alteração da relação entre as gerações passa também por aqui; os filhos têm acesso, sem mediações culturais, a um saber sem limites, disponíveis sem esforço (como os da internet), do mesmo modo que se tornam os confidentes de pais e mães, e de suas dores. Em vez de se apoiar na vida de seus progenitores, seguem, na maior parte das vezes atônitos, a vida adolescente de quem deveria cuidar deles. Uma pesada responsabilidade de escolha os espera, não sendo mais a sua vida conduzida pelos trilhos imutáveis da tradição e da transmissão familiar. É, como diria Bauman, a condição líquida das novas gerações. Cada vez menos elas seguem os passos de seus familiares e cada vez mais se veem — para o bem e para o mal — obrigadas a inventar um percurso original de crescimento. Os nossos filhos vivem o tempo de uma liberdade de massa, em que o isolamento cresce exponencialmente junto do conformismo. Sua responsabilidade cresce precocemente, mas é cada vez mais raro poderem encontrar, nos adultos, encarnações críveis acerca do que significa ser responsável. Não deveria, por exemplo, a política ser um ponto de referência cultural «elevada», para que os jovens pudessem olhá-la com confiança? Mas não é justamente o lugar da política — para Aristóteles, a mais alta e nobre das artes, capaz de reagrupar as diferenças particulares para o bem comum da *polis* — que tem se transformado em uma balada adolescente ensandecida?[15]

O hiper-hedonismo contemporâneo excomungou a tarefa educativa dos adultos como se isso dissesse respeito a moralistas. Por consequência, a liberdade agora significa fazer o que se quer, sem vínculos, sem débitos. No entanto, o débito cresce, afogou as nossas vidas e a ausência de sentido da Lei desgastou a potência gerativa do desejo. A liberdade não gera nenhuma satisfação, mas associa-se cada vez mais à depressão. É algo que encontramos sempre mais frequentemente nos jovens de hoje. Surpreendente? Eles têm todas as possibilidades, mais do que qualquer geração anterior, e são depressivos? Como isso se explica? Explica-se com o fato de que a sua liberdade é, na verdade, uma prisão, pois é um

15 O uso despudorado do dinheiro público por parte de nossos políticos, até para as despesas pessoais mais ridículas e efêmeras — finalmente investigado pela Lei —, não lembra talvez a frivolidade de certos adolescentes que esbanjam o dinheiro ganho pelos pais, sem mostrar qualquer senso de culpa e com o sentimento de que tudo lhes seja devido? Paradoxo ainda mais eloquente se dá quando são justamente os filhos, adolescentes como tais — *como filhos adolescentes* —, e não por mérito pessoal, a serem investidos de tarefas institucionais (é bem conhecido o caso do filho de Bossi, chamado — a propósito de alteração dos processos de filiação simbólica — de «Truta»*). Não é mesmo por acaso que a dimensão do sentimento de culpa e de vergonha, no nosso tempo, tenha praticamente desaparecido da cena política e social.
* Referência a Renzo Bossi, ex-político, filho de Umberto Bossi (o fundador da Liga Norte, partido da extrema-direita italiana). Renzo, depois de envolver-se em escândalos de corrupção — apropriação indébita de fundos provenientes para o financiamento público de partidos —, desistiu da política. Certa vez, ao ser chamado de golfinho, o próprio pai afirmou que o filho estaria mais para truta, de onde fixou-se o apelido. [N. T.]

circo de gozo sem possibilidade de futuro, de trabalho, de realização. Fazemos nossos filhos crescerem na dispersão lúdica, enquanto a história investe-os de uma responsabilidade enorme: como fazer existir ainda um futuro possível?

O trauma da inexistência da relação sexual

Quando escutamos os fracassos das iniciações amorosas dos adolescentes e o tormento que isso provoca neles, o real da não existência da relação sexual emerge com toda a sua potência traumática.[16] Não que os adultos sejam poupados desse encontro. Aliás, as traições, os abandonos, as agonias dos laços amorosos, as perdas, aparecem como traumáticos para o humano porque manifestam o fundo irredutível da inexistência da relação sexual. Nos adolescentes, tudo isso se amplifica porque a adolescência é a idade em que se encontra, pela primeira vez, o Outro sexo na sua heterogeneidade mais inassimilável. O menino podia ser feliz usando a camisa do time de futebol do seu pai, e a menina podia se satisfazer brincando de vestir as suas bonecas com as mesmas roupas de sua mãe. O tempo da infância é o tempo marcado pela identificação idealizadora aos próprios genitores. É com a tempestade puberal que esse idílio se interrompe. Com qual camisa irei ao meu primeiro encontro com a minha colega de turma? Que roupa vou vestir para encontrá-lo no meu primeiro convite para jantar? Não servirão, evidentemente, nem a camisa do time de

16 A tese da inexistência da relação sexual é uma tese chave de Lacan. Para uma explicação mais ampla desse aforismo — cuja complexidade não pode ser reduzida — e para enquadrar com mais rigor todos os temas aqui discutidos, remeto a meu livro *Jacques Lacan*, p. 467-549.

futebol, nem os vestidos de Barbie. Estaremos sós e sem subterfúgios diante do encontro entusiasmante e angustiante com o Outro sexo. Mas essa solidão — que deriva da inexistência de um manual de instruções que, para o humano, não pode ser o mesmo do instinto natural, estando todos nós submetidos à Lei da palavra que desnaturaliza tal instinto — está destinada a ser duplicada pela dissimetria que caracteriza o encontro entre os sexos. Todo o ideal de fusão, de identificação especular, de transferência — que frequentemente dá forma à paixão adolescente — está destinado a se romper contra a quina dura da inexistência da relação sexual. É uma questão de estrutura: Aquiles jamais alcançará a tartaruga, o gozo do Um jamais será também o gozo do Outro. O encontro entre os sexos fica exposto a uma dissimetria insanável: nunca posso alcançar o Outro como Outro, não posso assimilar em mim o que se diferencia de mim. Não posso apagar a diferença entre os sexos. Para quantas relações sexuais eu possa ter, o meu corpo gozará somente de si mesmo, gozará somente de seu órgão; jamais poderá absorver o corpo do Outro.

A demanda de amor feminina se nutre de palavras, de cartas, de poesia, de falta. Ela relega o falo à impotência como instrumento de gozo porque ele jamais poderá oferecer a ela o signo do amor. A tartaruga olha para além da virilidade de Aquiles, quer outro, busca o ponto da falta no Outro. Aquiles nunca poderá fazê-la sua; o feminino implica a heterogeneidade, a diferença, a impossibilidade de trazer o Outro para o Um. Um furo traumático é assim criado no lugar da relação sexual. O masculino terá de constatar que nenhuma relação sexual poderá abolir a alteridade do corpo feminino, enquanto a mulher terá de constatar que o falo não pode responder ao infinito da sua demanda de amor.

O despertar de primavera da adolescência comporta a erotização do Outro sexo, mas também a tendência, por meio da paixão, a atenuar a diferença, a assimilar o um com o outro, a fazer par, a dar vida a uma ligação que apague a diferença, isto é, o trauma da inexistência da relação sexual. Mas justamente lá onde o amor adolescente cultiva o sonho de uma fusão sem restos entre o Um e o Outro, o encontro com a inexistência da relação sexual obriga a um despertar muitas vezes traumático. Por essa razão, as interrupções desse fantasma de identificação são vividas com desconforto e dor. Se a inexistência da relação sexual não é um fato histórico, mas acompanha a diferença entre os sexos, pode-se, contudo, dizer que houve um tempo em que encurtar a distância com o Outro sexo parecia uma tarefa difícil, cuja construção do fantasma precedia o encontro efetivo com a sexualidade e com o Outro sexo. A sexualidade era alimentada por uma espera imaginária que erotizava o encontro real dos corpos. Atualmente, ao contrário, a distância entre os sexos parece reduzida. Não apenas porque, também para as meninas — como acontece com os meninos —, separar a ternura e o amor do sexo e do gozo pulsional é uma prática comum, mas porque o encontro com a inexistência da relação sexual, em vez de alimentar as fantasias de unificação e de ligação totalizante da paixão, tendem mais a produzir um verdadeiro exorcismo cínico no que diz respeito ao amor, que acaba retratado como um engano, uma ilusão da qual se deve desfazer-se, como uma máscara a fazer cair o quanto antes. O sexo é então usado como uma droga, como um gozo ligado a um objeto (parcial) retirado do corpo do outro, como um puro anestésico para reduzir a dor de existir. Não é mais a fantasia erótica, estruturada por meio do fantasma inconsciente, a orientar a pulsão, mas é a pulsão que age sem filtros, deserotizada, como passagem ao ato, simples impulso de gozar. O corpo assume o estatuto de uma mercadoria entre outras.[17] Rapazes que

17 O cinismo desse novo mundo foi descrito recentemente com lúcida crueldade por Walter Siti, *Resistere non serve a niente*. Milão: Rizzoli,

têm relações sexuais como se fosse um exercício para os músculos, meninas que vendem seu corpo por uma recarga de celular. A diferença entre os sexos parece abolida, mas sem prometer nenhuma emancipação: uma vida sexual compulsiva, tanto nos rapazes como nas meninas, serve para afastar o encontro de amor com o Outro sexo, e distanciar o espectro traumático da inexistência real da relação sexual. No nosso tempo, isso tende a separar os jovens do mito do amor e concentrar tudo no caráter acéfalo da pulsão: o parceiro humano — o Outro sexo — dá lugar a parceiros inumanos — droga, álcool, computador, imagem do próprio corpo, comida *etc.* — que permitem a pulsão de se satisfazer sem passar pela incerteza do encontro com o parceiro humano.

O adolescente pode reagir ao encontro com a inexistência da relação sexual negando a relevância da realidade sexual (intelectualismo, ascetismo, conformismo), ou deixando-se atrair, transportar pelo vórtice caótico de uma pulsão sem desejo e sem erotismo. Desse ponto de vista, ascetismo e consumo descontrolado são os dois modos predominantes do Supereu adolescente. Em ambas as versões, o que se quer contornar é o trauma da não relação. A dificuldade de subjetivar o encontro com a inexistência da relação sexual pode se converter na recusa de estar em ligação afetiva e erótica com o Outro, já que toda forma de ligação parece ameaçada por essa inexistência. O recurso compulsivo ao sexo desvinculado do amor, ou a outras experiências de gozo pulsional, que excluem a presença do Outro, visa a contornar o encontro traumático e angustiante com a inexistência da relação sexual. Mesmo os fantasmas de ciúme, tão frequentes e intensos em certos

---

2012. Esse romance pode ser lido também como uma reflexão mais geral sobre o tema do corpo pulsional na época da aniquilação niilista e neocapitalista do ideal do amor.

adolescentes, podem manifestar a ferida da dissimetria entre os sexos e perseguir o objetivo de reduzir o objeto a uma propriedade exclusiva do sujeito. Como se, para recuperar-se do trauma da inexistência da relação sexual, fosse necessário incentivar, de todas as formas possíveis, um gozo capaz de descartar o encontro com o Outro sexo; gozo traumático da droga, da comida, do álcool, da violência, do abuso sexual *etc.* Na sexuação masculina, essa recusa angustiada do trauma da inexistência da relação sexual pode comportar a passagem ao ato feminicida.

A violência feminicida

A Lei da palavra, que é a Lei da Cultura, constitui sempre uma barreira em relação ao exercício da violência. O líder nazista Goebbels, sempre que ouvia pronunciarem a palavra «cultura», mostrava uma pulsão irresistível de sacar a pistola. A violência sobre as mulheres é uma forma particularmente odiosa e insuportável de violência porque destrói a palavra como condição fundamental da relação entre os sexos. Notemos uma coisa: os estupros, os assédios, os feminicídios, os maus-tratos de todo o tipo, que muitas mulheres sofrem, abolem a Lei da palavra, consumam-se no silêncio acéfalo e brutal do ímpeto pulsional ou na humilhação do insulto e da agressão verbal. A Lei da palavra, como Lei que une os humanos em um reconhecimento recíproco, acaba sendo estilhaçada. A Lei da palavra, como vimos, afirma que a humanização da vida implica a experiência do limite e da alteridade. Quando esse limite é ultrapassado, há destruição, ódio, raiva, dissipação, aniquilação de si e do outro. Por isso, a condição que torna possível o amor — como forma plenamente humana da ligação — é, como teorizava Winnicott, a capacidade de restar só, a capacidade de aceitar o próprio limite. Quando um jovem ou um homem, em vez de se interrogar sobre o fracasso da própria vida amorosa, em vez de elaborar o luto por aquilo que perdeu, em vez de se defrontar com a própria responsabilidade e com a própria solidão, persegue, fere, ameaça ou mata a jovem ou a mulher que o abandonou, mostra que, para ele, a ligação não estava de fato fundada sobre a solidão recíproca, mas agia como uma proteção fóbica referente à angústia da solidão. Sabemos que muitos jovens que cometem o crime de estupro provêm de famílias nas quais, no lugar da Lei da palavra, funciona uma espécie de Lei imaginária do clã, uma simbiose entre os seus membros, que identifica paranoicamente o externo como lugar de ameaça permanente.[18] A passagem ao ato violento que tragicamente põe fim a uma relação mostra que tal união afetiva não era feita de duas solidões, mas fundava-se sobre a recusa angustiada da solidão, sobre a recusa raivosa nos enfrentamentos do limite, do trauma da inexistência da relação sexual; não sobre a Lei da palavra, mas sobre sua negação. Reivindicar um direito de propriedade absoluto — de vida e de morte — sobre o próprio parceiro nunca é uma manifestação de amor, mas, como lembrava Adriano Sofri, a sua profanação.[19] Em tal reivindicação, o narcisismo extremo mistura-se a um profundo sentimento depressivo: não suporto não ser mais tudo para você e então te mato porque não quero reconhecer que, na verdade, não sou nada sem você. Matar-se depois de ter matado todos: o mundo acaba com a minha vida (narcisismo), mas só porque sem a tua eu não sou mais nada (depressão).

18 Cf. Mauro Grimoldi, *Adolescenze estreme. I perchè dei ragazzi che uccidono*. Milão: Feltrinelli, 2006.

19 Adriano Sofri, La Spoon River delle donne. *La Repubblica*, Roma, 3 maio 2012.

Nada como a violência sexual pisoteia tão odiosamente a Lei da palavra. Porque a sexualidade humana deveria ser paixão erótica para o encontro com o Outro, ao passo que, transformando-se em pura violência pulsional do Outro, desumaniza o corpo da mulher, reduzindo-o a puro instrumento para o próprio gozo. O consenso do encontro é rompido por um vandalismo obsceno. O erotismo do corpo desertado, aniquilado. Não se pode, porém, limitar-se a condenar a bestialidade dessa violência. Não há, de fato, feminicídios no mundo animal. Há algo aqui de mais escabroso que diz respeito ao ser humano como tal e, em particular, à estrutura do fantasma sexual masculino. Uma mulher, para um homem, não é somente a encarnação do limite, mas é também a encarnação de tudo aquilo que não se pode nunca disciplinar, submeter, possuir integralmente, de que o ciúme pode dar, nos homens, somente uma vaga percepção. Por isso Lacan distinguia claramente os modos do gozo sexual masculino e feminino (Aquiles e a tartaruga). Enquanto o primeiro está centrado no ter, na medida, no controle, no princípio de performance, na apropriação do objeto, na sua multiplicação serial, na «estupidez do falo», o feminino aparece sem medidas, irredutível a um órgão, múltiplo, invisível, infinito, não submetido à dimensão fálica. Nesse sentido, o gozo feminino seria radicalmente «hétero»; seria um gozo que foge por princípio à miragem do controle fálico. Entre si, os homens exorcizam o encontro com esse gozo «infinito», Outro do fálico, dizendo que as mulheres são «todas putas». É um fato, mas é apenas uma maneira fobicamente defensiva de se proteger daquilo que não entendem e não conseguem governar. Já diziam isso, cada um a seu modo, Adorno e Horkheimer quando, em *Dialética do esclarecimento*, assemelhavam a mulher ao judeu: figuras que não podem ser ordenadas segundo a lei fálica de uma informação rígida porque não têm limites, não obedecem ao princípio de identidade, pois são sempre outras de si mesmas, radicalmente, verdadeiramente *héteros*.[20] É diante da vertigem de um gozo que não conhece proprietários, como é o caso do corpo feminino — que não por acaso Lacan definia como *gozo do Outro*, como um gozo anárquico, nômade, excêntrico, não de todo submetido à Lei da castração — que a violência masculina age como tentativa louca e patológica de colonizar um território que não tem limites. É claro para o psicanalista que tal violência — mesmo quando é exercida por homens socialmente tidos como «potentes» — não exprime somente a arrogância do poder e dos fortes em relação aos fracos, mas é gerada por uma angústia profunda, por um verdadeiro terror voltado contra o que não se pode governar, voltado para aquele limite insuperável que uma mulher sempre representa para um homem. Essa é, afinal, a beleza e a alegria do amor, quando se dá: não a unificação recíproca, o espelhamento da própria potência por meio do outro, a confusão do um no outro. Para um homem, amar uma mulher é realmente um esforço que vai contra sua natureza fálica, é poder se lançar no vazio de corpo perdido, é amar o *héteros*, o Outro como totalmente Outro, é poder amar a Lei da palavra. Por essa razão, Lacan tinha para si que o amor, como tal, como amor do outro, do *héteros*, é sempre amor por uma mulher.[21]

20 Theodor W. Adorno; Max Horkheimer, *Dialética do esclarecimento*. Rio de Janeiro: Zahar, 1985.

21 Cf. Jacques Lacan, O aturdito. In: Jacques Lacan, *Outros escritos*. Trad. Vera Magalhães. Rio de Janeiro: Zahar, 2003.

O objeto tecnológico e a depressão juvenil

A depressão deveria acompanhar a vida que desvanece, a vida que perde vida, a vida que envelhece, a vida que se aproxima da morte. A clínica psicanalítica ensina que não é bem assim. Hoje, a depressão investe sempre mais o mundo juvenil, na forma de uma apatia difusa, de uma falta de ímpeto, de uma tendência à diminuição do desejo. Não é verdade que os jovens não tenham paixões, ímpetos, projetos, mas é verdade que mudou a expressão de seu mal-estar. Enquanto, na época edípica, ela assumia as formas da transgressão aberta da Lei, da contestação revoltosa, da fuga antissocial, hoje assume a de um apagamento desvitalizante da vida.

Se a adolescência é o impulso na direção de se ter um desejo próprio, de não o acomodar mais dentro da demanda e da satisfação do desejo do Outro — como ocorre no tempo da infância —, o nosso tempo é caracterizado pelo preenchimento maciço do objeto que obstrui a abertura do desejo. Se o desejo é transcendência do objeto, é abertura erótica ao Outro, o nosso tempo apaga esse impulso encorajando o gozo mortal do objeto. Enquanto a adolescência edípica era marcada pelo fantasma inconsciente que evidenciava a centralidade da pulsão escópica (o acesso à sexualidade, por exemplo, vinha por meio do filtro do fantasma inconsciente), atualmente, em primeiro plano, está a avidez da pulsão oral: o corpo do Outro é consumido sem o filtro do fantasma que estrutura o desejo; há, consequentemente, uso do sexo, mas sem nenhum erotismo.

A depressão juvenil assinala a subordinação da força do desejo e de seu despertar à presença do objeto inumano. O corpo pulsional, que deveria ser expressão de uma nova força (puberdade), parece apagado. A experiência depressiva é, de fato, experiência da existência como puro peso: esfriamento, passivização, redução do sujeito a objeto. Na depressão juvenil, algo se opõe à fluidez da vida, algo se retira diante do mar aberto da vida, algo se entristece. Peguemos o exemplo das dependências dos objetos tecnológicos, que parecem hoje afogar o mundo juvenil. É um fato: a conexão à rede pode não fortalecer e sim substituir a conexão com a vida. Claro, às vezes pode ampliá-la, mas pode também provocar um desligamento dela. O próprio inconsciente, que na realidade se alimenta do desejo do Outro, acaba por ser substituído pelo objeto tecnológico. A virtualidade da ligação substitui o encontro erótico com o corpo do Outro. É a falsa promessa do objeto tecnológico. De que natureza é, por outro lado, o objeto freudiano? Se pegarmos o exemplo do carretel, do pequeno Ernst, esse objeto surge como o produto de uma ausência.[22] O objeto freudiano surge sempre no contexto de um vazio. Pois é somente em tal contexto que se torna possível o jogo do desejo. O objeto tecnológico aparece, em vez disso, como uma superfície devoradora que engole o sujeito. Se o objeto freudiano é feito do símbolo, se é uma organização do vazio, se circunscreve o vazio, o objeto tecnológico adquire a função de um antidepressivo, remedia porque tende a tamponar, a preencher o vazio. E, no entanto, para poder jogar o jogo do desejo, é preciso estar separado da Coisa, é preciso produzir

22 O pequeno Ernst, deixado sozinho por sua mãe, elabora, justamente a partir da ausência materna, um jogo que consiste em lançar um carretel, amarrado por um fio, longe de sua vista (*Fort*), para em seguida fazê-lo reaparecer (*Da*). Nesse jogo, o menino repete a experiência da separação da mãe em uma simbolização lúdica. O carretel é, portanto, um objeto elevado à dignidade do símbolo no contexto da ausência da mãe. Cf. Sigmund Freud, *Além do princípio do prazer*. Várias traduções, várias editoras. [N. T.: Entre elas, a Edição Standard Brasileira das Obras Psicológicas Completas de Sigmund Freud — Volume XVIII. Rio de janeiro: Imago, 1996].

o vazio. O jogo do desejo pode emergir somente no contexto de uma sublimação da perda. A *web* é feita de vazio? Por um lado, ela é abertura, possibilidade, mundo. Por outro, ela corre o risco de se tornar um substituto do mundo.[23] Pode se tornar uma conexão perpétua, que gera desconexão do Outro e isolamento, pode constituir uma versão hipermoderna do inconsciente. Trata-se de um saber articulado e sem limites à disposição do sujeito e alternativo ao saber do corpo. Um saber que distancia do encontro erótico com o Outro: os contatos parecem multiplicar-se, mas, na realidade, permanecem todos virtuais. Do mesmo modo, o saber tecnológico que os nossos jovens armazenam com avidez fica claramente separado da verdade, isto é, apartado da experiência da Lei do desejo.

O caso de um rapaz de que me ocupei parece emblemático. Trata-se de um sujeito que foi capturado por uma mãe psicótica e gravemente depressiva durante os anos de sua infância. Somente o pai foi capaz de levá-lo consigo, educando-o para a disciplina e para o esforço do trabalho no campo, mostrando a ele a existência de um outro mundo em relação àquele materno. Mas quando se encontrava sozinho com a mãe, o rapaz sentia-se afundando em um redemoinho fusional. Sentia-se promovido à condição de um objeto-ídolo, de um puro fetiche. A depressão materna dava a ele a forte impressão de ser o único salva-vidas de sua mãe. Tal percepção reforçava simbioticamente a relação entre eles: dormia com ela, que o fazia dormir cantarolando e aconchegando-se perto dele. Brincavam trocando entre si o muco e a saliva. Seus corpos pareciam fundidos, líquidos, misturados um ao outro. Ficavam

23 Cf. Mario Giorgetti Fumel, *Legami virtuali. Internet: dipendenza o soluzione?* Trapani: Di Girolamo, 2010. Cf. também Chiara Giaccardi (org.), *Abitanti della rete. Giovani, relazioni e affetti nell'epoca digitale*. Milão: Vita e Pensiero, 2010.

abraçados na cama de casal, de onde o pai havia sido desalojado. Salvo da psicose pela presença de um pai capaz de transmitir a positividade do trabalho e do investimento libidinal da vida, a juventude desse rapaz é o momento em que se desenvolve um sintoma particular. Não consegue passar no exame para tirar a carteira de motorista. São as suas primeiras namoradas que o levam de carro. Deixa-se, como ele mesmo diz, «levar sempre pelo Outro». O seu primeiro amor é por uma menina a quem se dedica totalmente, reproduzindo a mesma simbiose que havia caracterizado a relação com a mãe, que nessa época já havia morrido. Esse primeiro amor dura vários anos, e, quando acaba, o rapaz cai em uma profunda depressão, isola-se, sente-se perdido. Vive dedicando-se integralmente ao objeto tecnológico (o computador), que se torna seu único parceiro. Fica horas na frente da tela de seu computador. Essa conexão contínua parece, na verdade, uma forma de desconexão com o mundo. O objeto não é feito pelo símbolo — como ocorre com o objeto freudiano —, mas impede a simbolização do luto, reeditando a morbidade incestuosa da presença sem interrupções e descontinuidades da mãe.

O encontro com o analista é o evento que o reconcilia com o desejo do Outro. Por esse caminho, ele encontrará — trabalhando na sessão a ligação linguística particular com a voz materna — a poesia. O seu interesse será atraído então por um poeta regionalista que forja formas linguísticas, no qual em primeiro plano, há uma linguagem rica de corpo e afetividade. Tal linguagem se assemelha à lalação infantil; *a língua* do poeta remete à *alíngua*[24]

24 Termo psicanalítico criado por Jacques Lacan (em francês, *lalangue*). Grosso modo, é uma fase anterior à formação das palavras e ao encadeamento sintático. É feito de fonemas esparsos, balbucios geralmente carinhosos (lalação). O «a» de *alíngua* deve ser lido como artigo defi-

materna. Agora, o objeto pode retornar a seu contexto de ausência, virando objeto de uma nova sublimação. O objeto sempre presente, como prolongamento da presença devoradora da mãe, dilui-se no ritmo das palavras e de seu fascínio musical.

Esse breve relato clínico nos mostra como a única conexão que conta, a única que inunda e move a vida, é aquela do encontro com o desejo do Outro. Em um outro caso clínico contado pelo meu colega Aldo Becce, o protagonista é um rapaz que vive há alguns meses isolado em seu quarto.[25] Na família, não há transmissão do desejo: o rapaz define o pai como «um ectoplasma» e a mãe como «uma presença ausente». Para ele, a atração pelos jogos eletrônicos preenche o buraco deixado na filiação simbólica. O primeiro passo do analista no tratamento consiste em pedir ao rapaz para jogar junto com ele em seu PC. Desse modo, o rapaz experimenta a ideia de que há alguém mais que pode vencer, além dele. Não está condenado a ganhar sozinho, porque vencer sempre, vencer só, é, na verdade, uma forma de perder, enquanto fica simplesmente impossível o próprio jogo do desejo. Não se pode jogar de verdade nenhum jogo, se já se sabe antecipadamente que vai vencer sempre. É o tema do sonho didático de um paciente meu, obsessivo, que se encontra dilacerado entre duas mulheres: o amor ideal de sua juventude e uma mulher adulta que atende um filho dele. O sonho é o seguinte: o paciente está jogando pôquer com outros amigos seus. Toda

---

nido, não como partícula de negação, como pode dar a entender. Para evitar um sentido oposto ao que significa, alguns tradutores optam pelo termo *lalíngua*. [N. T.]

25 Aldo Becce, Le nuove tecnologie, tra possibilità di comunicazione e rischio di isolamento sociale. In: *Scuola e famiglie di fronte alle nuove tecnologie: problema o risorse?*, 19 de março de 2011, Bologna.

hora tem nas mãos quatro ases vencedores. Ninguém quer mais jogar com ele. Vai então a um cassino, mas também continua a vencer e isso o impede de jogar porque também lá ninguém mais quer jogar com ele. A certeza da vitória impede que ele encontre outros jogadores dispostos a enfrentá-lo. O que o sonho põe em evidência é que a impossibilidade de perder — portanto, a recusa narcísica da castração simbólica — produz uma perda muita mais catastrófica do que aquela que ele teria experimentado parando de vencer sempre, ou seja, a perda da própria possibilidade de participar do jogo da vida, do jogo do desejo.

Mas retornemos ao paciente de Aldo Becce. A intervenção do analista introduziu *a relação* na aliança autista do rapaz com o objeto tecnológico. Desse modo, o gozo sem Outro, garantido pelo objeto, é obrigado a se interromper e, graças a essa interrupção, o rapaz experimentará utilizá-lo de novas maneiras, por exemplo, para «trocar mensagens» com outros. Após a entrada do Terceiro na cena, o mesmo objeto que antes o aprisionava pode se tornar um instrumento para combater o seu isolamento social. De jogo autista — graças à possibilidade aberta pelo jogar junto com o analista, pelo jogar com o Outro —, a *web* se torna uma ponte para a ligação com o mundo. Trata-se de breves escansões do tratamento que permitem realizar uma nova transmissão; o mesmo objeto pode ressurgir diferente; *trata-se de um objeto que tampona um vazio ou de um objeto que estabelece uma conexão com o Outro por meio do vazio?* A tecnologia da *web* pode certamente isolar o sujeito do Outro, mas pode também permitir o estabelecimento de contatos e formas de conexão novas com esse Outro. Nesse caso, a operação do analista teve a finalidade de socializar o objeto tecnológico, de torná-lo uma versão do Outro, rompendo o fechamento narcisista do sujeito e tornando possível uma transmissão simbólica do desejo.

Este caso nos ensina como a conexão e a desconexão contínuas fazem parte de uma mesma posição patológica. Sem alternância de conexão e desconexão não há sujeito. O direito à desconexão tem a mesma dignidade do direito à conexão. Nesse caso, foi a intervenção do Terceiro — no contexto de um pai ectoplasmático — que modificou o quadro e permitiu, por meio da transferência, animar um sujeito que parecia morto. Esse ânimo é devido a um novo sentido que o objeto adquire. O sujeito se separa do objeto para inventar novos usos para ele, graças à conexão com o desejo do Outro. É, de fato, essa ligação — com o desejo do Outro — o que torna virtuosas todas as outras. Contudo, a possibilidade do jogo implica a produção de um vazio, portanto, uma interrupção da presença contínua do objeto. É o que o nosso tempo parece negar: a pausa, o silêncio, a suspensão do tempo, o direito de se desconectar. O rapaz acede a um novo uso do objeto tecnológico apenas quando permite ao Outro (ao analista) inserir-se entre si mesmo e o próprio objeto, produzindo uma separação entre sujeito e objeto. Desconecta-se do objeto graças ao Outro e, por isso, pode se reconectar de uma forma mais satisfatória.

Evaporação e invenção

No tempo da evaporação do pai, não há somente o ímpeto do gozo mortal, mas também uma maior possibilidade de invenção: o vazio do pai não é apenas abismo sem fundo, mas também abertura de novas possibilidades; não contém só o risco do ímpeto compulsivo ao gozo mortal, mas também a chance de se realizarem percursos não mais vinculados ao peso normativo da tradição. Também por essa razão, não se deve ter saudades do pai-patrão, do pai-totem, do pai-papa, do pai-herói, que tem a última palavra sobre o sentido do bem e do mal. A evaporação pode se abrir potencialmente para a invenção. Se existe evaporação do pai, existe, como diria Lacan, «escolha forçada» na direção da inventividade.

Podemos tomar como exemplares, para esclarecer essa nova condição, as reflexões que Freud dedica à juventude de Leonardo da Vinci. Sabemos como Freud insiste em lembrar que Leonardo não foi inicialmente reconhecido por seu pai e foi criado por duas mulheres: a mãe e a avó materna. Vem daí a tese maior de Freud, que parece contrastar com o valor estruturante que ele reconhece no complexo de Édipo: o extraordinário impulso criativo e de busca de Leonardo não teria sido possível se ele não tivesse aprendido a «renunciar a seu pai». Essa tese abre para um entendimento sobre a herança que transcende a ligação de sangue. Leonardo não é reconhecido pelo pai real, mas tem condições de transformar essa ausência de herança em uma nova possibilidade. Ele é, como mostra a etimologia do termo «herdeiro», órfão de pai e, justamente por isso, herdeiro. A ausência do pai parece iluminar a vida, como se a espera do pai fosse substituída pela pesquisa científica como possibilidade de reencontrar, na Natureza e nas suas Leis, a dimensão simbólica da Lei da palavra.

Escreve Freud:

> Enquanto, na maior parte das criaturas humanas — tanto hoje como em épocas remotas — a necessidade de apoiar-se em alguma autoridade é tão imperativa que, a seus olhos, o mundo vacila se tal autoridade é ameaçada, Leonardo conseguiu, com as suas forças, ficar sem esse apoio; não teria conseguido se, nos primeiros anos de sua vida, não tivesse aprendido a renunciar ao pai.[26]

26 Sigmund Freud, Leonardo da Vinci e uma lembrança de sua infância. In: Sigmund Freud, *Cinco lições de psicanálise, Leonardo da Vinci e outros trabalhos (1910)*. Trad. Walderedo Ismael de Oliveira. Rio de Janeiro: Imago, 1996. (Edição Standard Brasileira das

No tempo da evaporação do pai, estamos todos obrigados a ser um pouco como Leonardo. Seria interessante perguntar qual é a relação entre o filho-Telêmaco e o filho-Leonardo. Se, como veremos melhor no próximo capítulo, a condição do herdeiro é etimologicamente aquela do órfão, do faltante, do vazio, somos todos herdeiros sem reino, herdeiros que devem, como acontece com Leonardo, renunciar ao pai. Freud conduz essa renúncia na direção de uma nova responsabilidade do sujeito. A evaporação do pai pode se tornar uma condição para a invenção se, porém, a *renúncia ao pai* se tornar algo bem diferente da *rejeição ao pai*. O herdeiro é aquele que não abandona sua responsabilidade e sua relação com o Outro. Freud esboça um retrato disso quando, seguindo Schopenhauer e os ensinamentos de seus pacientes, introduz a pulsão de morte — ou seja, a tendência dos humanos a gozar para além de qualquer limite, a gozar até a morte da vida. Diferentemente de Schopenhauer, no entanto, ele não escolhe o caminho da ascese, não propõe abandonar o mundo, não propõe — como remédio para essa pulsão — a nirvanização da vida. Procura, mais, introduzir o tema da responsabilidade. Mas o que significa pôr-se o problema da responsabilidade a partir do mal da pulsão de morte? O que significa pôr-se o problema da responsabilidade não a partir do Eu, como a Psicanálise pós-freudiana fez, mas a partir do *Es*, a partir do sujeito do inconsciente? Não seria esse, talvez, um problema que encontramos no mal-estar da juventude contemporânea? Como posso ser livre sem me destruir e sem ficar louco? Como posso realizar um gozo que potencialize a vida e não a dissipe? Como posso associar o desejo ao gozo sem me perder

---

Obras Psicológicas Completas de Sigmund Freud — Volume XI). A tradução do trecho acima, no entanto, é nossa. [N. T.]

na «noite dos Pretendentes»? Lacan, seguindo a trilha de Freud, mostra que o tempo do desejo é *sempre* um tempo que implica o risco de se perder, de se diluir, de se desadaptar em relação a uma administração regular, conformista, ordinária, da própria vida. Em cada experiência de desejo, de fato, há algo que refuta a adaptação ao princípio de realidade. Mas qual é a frágil fronteira que separa o deixar-se levar pelo próprio desejo e o consumir-se, o jogar-se fora, o tragar-se? Não seria talvez esse o limite que cada um deve atravessar quando assume a responsabilidade ilimitada e insubstituível do seu desejo? Não existe, de fato, um limite estabelecido pelo Outro, que define até onde seja «certo» lançar-se à realização do próprio desejo. Podemos apenas evocar e habitar esse limite incerto que separa o gozo dos Pretendentes, e aquele capaz de gerar satisfação, que distingue o gozo mortal do mais-de-gozar, que deriva do consumir-se pelo próprio desejo.

Uma vez, Freud situou de modo admirável a responsabilidade em relação ao inconsciente, quando se perguntou se nós somos responsáveis pelos nossos sonhos.[27] O que significa assumir a responsabilidade de algo que nos transcende? O que significa, como aconteceu com Leonardo, aprender a renunciar ao pai não *por* ser criativo, mas *para* ser criativo? É o mesmo problema que Freud enfrenta em «Algumas reflexões sobre a psicologia escolar», quando afirma que o problema da formação dos jovens pode ser resumido no trabalho de realizar um «desligamento do pai».[28] Mas

27 Sigmund Freud, Algumas notas adicionais sobre a interpretação de sonhos como um todo. In: Sigmund Freud, *O ego e o Id e outros trabalhos*. Rio de Janeiro: Imago, 1996. (Edição Standard Brasileira das Obras Psicológicas Completas de Sigmund Freud — Volume XIX).

28 Sigmund Freud, Algumas reflexões sobre a psicologia escolar. In: Sigmund Freud, *Totem e tabu e outros trabalhos*. Rio de Janeiro: Imago,

não é tal desligamento a tarefa mais elevada, e mais perigosa, do herdar? Só há uma herança correta, se for reconhecida a nossa proveniência do Outro, o débito simbólico que nos liga à comunidade dos falantes e dos mortais. A única condição para realizar esse desligamento é estarmos inscritos na Lei do pai como Lei da palavra: a separação, a descontinuidade, a errância tem, como seu pressuposto, a experiência fundadora do pertencimento, embora seja o «desligamento do pai» a mais autêntica aposta de cada herança. Ulisses retorna, mas somente para deixar ir, para permitir a separação, para encetar o luto mais radical da sua pessoa. Agora estamos prontos para convocar a figura de Telêmaco como aquela do «herdeiro certo».

1996. (Edição Standard Brasileira das Obras Psicológicas Completas de Sigmund Freud — Volume XIII).

DE ÉDIPO A TELÊMACO

Quatro representações de filho

Neste capítulo, examinaremos quatro representações de filho: o filho-Édipo, o filho-anti-Édipo, o filho Narciso e o filho Telêmaco. Os dois primeiros já foram protagonistas consagrados do teatro freudiano, tomados como duas figuras paradigmáticas de filho. O primeiro, de uma época que vai até o final dos anos de 1970, acompanhando a longa onda da grande contestação de 1968. O segundo é uma sub-representação do primeiro. O filho-anti-Édipo não gostaria de estar em conflito com o pai porque gostaria de ser sem pai, radicalmente órfão. A sua vontade de autoafirmação aspiraria a que fosse livre de toda ligação com o Outro, mas tal vontade acaba por aprovar um gozo incestuoso que desemboca em um impulso para a morte.

O filho-Narciso sintetiza, em vez disso, o período do assim chamado refluxo que caracteriza as últimas décadas, até a grande crise econômica que revolveu o Ocidente. Tal crise, unida a uma série de transformações que afetaram profundamente a nossa vida coletiva, impõe a entrada em cena de um novo protagonista: a figura do filho-Telêmaco. Com essa figura, deseja-se propor um modo novo de ler a relação atual entre progenitores e filhos. Enquanto, com o filho-Édipo em primeiro plano, houve o conflito entre gerações, a luta, o confronto entre duas concepções diferentes do mundo, a recusa da hereditariedade, a recusa de ser filho, com o filho-Narciso tornou-se central a assimilação indistinta dos genitores com os próprios filhos, a confusão entre as gerações, a ausência de conflitos e o culto de uma felicidade individual sem ligações com o Outro. O filho-Telêmaco, por sua vez, é uma nova interpretação do mal-estar atual da juventude. Telêmaco é o símbolo do «herdeiro certo»: ele sabe ser filho e sabe cumprir a viagem mais perigosa para ser um herdeiro. Ele nos mostra como se pode ser filho, sem renunciar ao próprio desejo.

O filho-Édipo

O filho-Édipo é um filho que, no mito contado por Sófocles, viveu o abandono. O oráculo avisa ao rei Laio que esse filho lhe será ingrato e o matará. Para se defender da profecia, o rei confia o menino a um servo, encarregando-o de pôr fim à vida da criança. Movido pela compaixão, o servo não cumprirá a tarefa e salvará a vida do menino, que, crescendo na total ignorância sobre sua origem, será, agora jovem e forte, envolvido em uma briga em uma encruzilhada. O motivo, um direito de precedência na passagem: *quem passa primeiro*? O jovem chama para um duelo e mata o rico senhor — que queria ter reconhecido o direito de passagem, garantido pela diferença entre gerações — sem saber que se tratava de seu pai. Em seguida, Édipo se tornará o rei de Tebas e marido de Jocasta, mulher de Laio e sua mãe, com quem terá filhos que serão o fruto obsceno do incesto. Tirésias, o adivinho, revelará a ele a verdade escondida de sua história. Tomado de dor, Édipo arrancará os olhos e abandonará, em exílio, a sua terra.

A partir desse mito, Freud cunhou o complexo edípico como «complexo nuclear» das neuroses. O desejo de Édipo mostra o desejo humano como algo animado por uma tendência incestuosa. O que isso quer dizer? Por que, também segundo Lacan, essa seria a palavra decisiva, a mais radical, de Freud, sobre a natureza do desejo humano? O desejo não é apenas a demanda de presença do Outro, o apelo, a invocação desse Outro que salva da escuridão da noite, mas é também ânsia de possuir tudo, de saber tudo, de ser tudo. Fúria incestuosa, arroubo que nega a existência do limite, rejeita o impossível que a Lei da palavra inscreve no coração do humano. No entanto, é somente graças a essa Lei que a vida pode se humanizar e transcender o mundo determinado do animal. A Lei da palavra não é só aquela que impõe à vida o dever de se constituir por meio de seu apelo ao Outro, por meio da demanda de amor que abre e expõe o Um ao Outro, mas é ainda aquela Lei simbólica da castração, que impõe à vida a perda da Coisa materna. É isso que Édipo rejeita, enfiando-se no túnel de um gozo que trará ruína. Por essa razão, parricídio e incesto são a representação «criminal» do seu desejo, que se estrutura como um «complexo» somente quando — como Freud nos mostra — implica uma triangulação fundamental, que é aquela que o expõe ao encontro traumático com a Lei, lugar Terceiro em relação à dupla perversa mãe-criança. O objeto do desejo (o corpo da mãe) aparece interditado simbolicamente. O destino trágico de Édipo está no fato de que ele pode alcançar o sentido da Lei da castração somente *depois* de ter cometido seus crimes. Daí resulta sua culpa, que o conduz ao gesto dramático de autocegamento e, logo depois, ao do exílio.

Houve um tempo em que o conflito entre genitores e filhos podia ser lido por meio do paradigma de Édipo. O filho-Édipo é aquele que desafia as velhas gerações em uma luta até a morte para a afirmação de seu desejo. No centro do complexo edípico está o conflito entre a Lei e o desejo, entre a realidade e o sonho, entre o velho e o novo. O tempo do filho-Édipo foi o tempo trágico do conflito entre as gerações: os filhos contra os pais, e os pais contra os filhos. O direito de precedência na passagem, reivindicado pela velha geração, não é reconhecido pela nova, ingrata. Os filhos guardam um desejo de morte em relação aos próprios pais. Édipo é o herói do destino, e o pai, apenas um obstáculo repressivo à sua fome de liberdade. O filho-Édipo experimenta o pai como entrave para a realização de sua satisfação. A Lei do pai se mantém como uma barreira insuportável, que confronta o seu desejo. O filho-Édipo experimenta a Lei como antagonista irredutível da dimensão anárquica da pulsão. Nesse sentido, sua figura inspirou as grandes contestações de 1968 e de 1977: os filhos, contra os pais, reclamavam a possibilidade de um mundo diferente, e os pais reagiam negando os direitos de seus filhos.

Existe uma dimensão estrutural e supra-histórica do complexo edípico que não se quer colocar em discussão. A tendência incestuosa do desejo inconsciente e o conflito entre as gerações — entre a ordem estabelecida e a transcendência do desejo — definem para a Psicanálise a vida humana como tal. Não é esse o ponto que quero sublinhar. Trata-se, sobretudo, de mostrar que, em nosso tempo, o paradigma do filho-Édipo se tornou insuficiente para que se compreenda a relação entre genitores e filhos. Um dos problemas atuais, que afetam tal relação, é, de fato, o desaparecimento da dimensão do conflito e do atrito que está necessariamente implicada aí. No lugar desse conflito, temos uma confusão a respeito de diferença geracional e, consequentemente, uma alteração profunda do processo de filiação simbólica. Qual é, então, a questão? É que o verdadeiro crime do filho-Édipo não é o do conflito com as velhas gerações — já que nesse conflito necessário ele pode localizar-se simbolicamente na cadeia geracional —, mas o querer renegar a sua origem, o querer extirpar de si mesmo todo o traço do Outro. Falemos mais claramente: *Édipo não sabe ser filho*. Ele queria negar toda forma de dependência e de débito simbólico em relação ao Outro. Queria negar o próprio estatuto de filho, assim como o Outro, no mito, negou sua responsabilidade de pai. Por essa razão, Freud assume o complexo edípico como paradigma da neurose. O neurótico é aquele que se lamenta de ser alguém sem herança, de não ter recebido nada; é aquele que censura incessantemente o Outro por não lhe haver dado aquilo que lhe cabia, que teria sido seu por direito, sem, porém, ao mesmo tempo, estar em condições de receber verdadeiramente algo do Outro, sem suportar estar em dívida com o Outro, sem conseguir aceitar a sua condição de filho. Para herdar do Outro, é preciso, de fato, reconhecer-se como faltante, órfão, desprovido de consistência própria. O neurótico cultiva, assim, o sonho de uma autonomia total a respeito do Outro, embora tudo o que faça seja um esforço para fazer existir esse Outro, com a finalidade de escapar da responsabilidade ética que o atinge como sujeito; o neurótico odeia o pai-patrão, mas não pode prescindir dele, pois sem esse pai — sem o ódio cego para com esse pai — a sua vida seria ameaçada pelo sem-sentido.

O erro de Édipo não é a reivindicação do sonho como direito, mas o de ter entendido mal a Lei, vivendo-a somente como obstáculo no caminho que conduz à realização do próprio desejo. Isso reduz sua ideia de liberdade a uma pura oposição no encontro com a Lei, que acaba por alimentar o mito do desejo como liberação de todo o limite. Nesse sentido, Édipo já traz paradoxalmente consigo o embrião do anti-Édipo. O filho-anti-Édipo queria fugir da Lei, dispensar a Lei, tornar a Lei da palavra algo do passado, queria se libertar de conceitos como «limite», «castração», «Nome do Pai». Assim como o filho-Édipo, ele vive a Lei apenas como um pesadelo repressivo. Nesse sentido, o anti-Édipo habita o coração de Édipo, que não vê quem é, que não sabe ser filho, que não consegue assumir nem a sua origem, nem a verdade de seu desejo inconsciente. O erro maior de Édipo — que só ao final da tragédia poderá realmente assumir para si — é o de ter estado contra a Lei da palavra por ter compreendido mal o sentido dela. É o de ter vivido a Lei como puro engano.

O filho-anti-Édipo

O que significa afirmar que o filho-Édipo traz consigo o embrião do filho-anti-Édipo? A referência explícita é a da cultura antiedípica que se desenvolveu nos anos de 1970, a partir do lançamento de um livro que marcou época: *O anti-Édipo*, de Deleuze e Guattari (1972). Trata-se da mais potente crítica à prática e à teoria da Psicanálise movida pela «esquerda». Hoje, como sabemos, a Psicanálise enfurece a crítica conservadora, de «direita»: contra ela, invoca-se a psicologia científica, o poder químico do psicofármaco, a autoridade exclusiva da Psiquiatria no tratamento do mal-estar mental. Os autores de *O anti-Édipo* (um filósofo já muito conhecido e um brilhante psiquiatra analisando de Lacan, com quem rompeu bruscamente) na verdade não imputavam à Psicanálise o fato de não ser suficientemente científica em suas afirmações teóricas e sua prática clínica, mas lhe imputavam algo profundamente mais radical. Reprovavam-na por estar a serviço do poder e da ordem estabelecida. A acusação deles é a de que a Psicanálise, depois de ter descoberto o «desejo inconsciente», reduziu deliberadamente o caráter revolucionário dessa descoberta, colocando-se a serviço do dominador. Com base em que seria regido o culto psicanalítico de Édipo, senão na obediência cega à Lei repressiva e mortificadora do pai?[1] Esse livro mobilizou a revolta de toda uma geração, a minha, aquela de 1977. Ele faz uma crítica política à Psicanálise que não promove tanto uma improvável teoria alternativa à psicanalítica (a assim chamada «esquizoanálise»), mas uma verdadeira e própria teoria da revolução na qual «tudo é possível». Dessa ideia beberam com entusiasmo muitos jovens da minha geração, inclusive eu.

Foucault havia declarado que o nosso século teria sido deleuziano. Tinha razão, mas em um sentido provavelmente muito diverso daquele que se esperava. O deleuzismo escapou das mãos de Deleuze (como acontece frequentemente com todos os «ismos»). *O anti-Édipo,* involuntariamente, deu vazão a uma apologia incondicional do caráter revolucionário do desejo *contra* a Lei, o que, paradoxalmente, acabou sendo cúmplice da orgia dissipativa que caracterizou os fluxos — não das máquinas desejantes, como esperavam Deleuze e Guattari, mas de dinheiro e de gozo, que alimentaram o mecanismo enlouquecido do discurso do capitalista na época de sua globalização financeira. Lacan tinha

1 Apesar da violência implacável dos autores de *O Anti-Édipo*, os psicanalistas deveriam ler e reler, ainda hoje, a obra deles como um grande vento de primavera. Sob a retórica revolucionária da libertação do corpo-esquizo, fora da Lei, do «corpo sem órgãos» como pura máquina desejante, como fábrica produtiva do gozo pulsional, esse livro contém uma série de críticas à Psicanálise que não podem facilmente ser colocadas de lado: como o uso paranoico e violento da interpretação (se um paciente diz x, quer dizer y), a visão do inconsciente como teatrinho familiar, fechado em si mesmo, que perderia de vista seu caráter social e seus infinitos encadeamentos coletivos, a apologia conformista e moralista do princípio de realidade e da adaptação como fim último da prática analítica, o uso totalmente político do dinheiro, que seleciona os pacientes com base em sua renda, a valorização do Eu e do seu princípio de prestação. E a lista poderia se estender fácil e proveitosamente.

tentado apontar esse perigo aos dois. Em uma entrevista dada a «Rinascita» em maio de 1977, que lhe pedia um parecer sobre *O anti-Édipo*, respondeu que «O Édipo constitui, por si mesmo, um tal problema para mim que não penso que isso que Deleuze e Guattari quiseram chamar de *O anti-Édipo* possa ter o mínimo interesse». Lacan adverte que não precisa puxar o gatilho tão rapidamente contra o pai. A contraposição revolucionária entre as máquinas desejantes e a Lei, entre o arroubo impessoal e desterritorializante da potência do desejo e a tendência conservadora à territorialização rígida do poder e de suas instituições (Igreja, Exército, Família, Psicanálise...), corria o risco de dissolver o sentido ético da responsabilidade subjetiva. Para Deleuze e Guattari, a palavra «sujeito», assim como a palavra «responsabilidade», é, de fato, para ser banida, como, de resto, «Lei», «castração», «falta», «Nome do Pai». O filho-anti-Édipo enaltece, em sentido único, a força acéfala da pulsão, que o faz fatalmente cair, no entanto, em uma perspectiva de naturalização vitalista (e um pouco fascista) do humano. Pegue-se como exemplo a retomada do conceito freudiano de *Es* (Id). Para o filho-anti-Édipo, o *Es* é a expressão da potência anárquica do corpo que goza de tudo, para além de todo o limite, para além de toda a Lei: «O *Es* funciona em toda parte, ora sem descanso, ora descontinuamente. Respira, esquenta, come. Caga, fode».[2] Nessa perspectiva, a Lei da castração operaria somente como uma tela protetora e inevitavelmente repressora no confronto com essa energia livre do corpo pulsional. De modo diverso, a leitura lacaniana do *Es* freudiano preserva a centralidade da categoria ética de responsabilidade. O *Es* é o lugar de uma verdade escabrosa — aquela do meu desejo inconsciente — que cabe ao sujeito assumir ou não. Não se trata

2 Gilles Deleuze; Félix Guattari, op. cit.

de liberar a potência natural e impessoal do *Es*, mas de traduzir essa potência no chamado que o desejo inconsciente endereça ao sujeito, pondo-o diante da tarefa de se cumprir lá onde a sua vocação, a sua aspiração, seu voto (*Wunsch*), manifesta-se. Enquanto o filho-anti-Édipo caga e fode em toda parte, tirando sarro da Lei da palavra, Lacan insiste em perguntar ao sujeito o que ele fez da transcendência do seu desejo, em colocar o sujeito como sempre responsável por sua posição.[3] O que você fez do seu desejo? Fez dessa transcendência fonte de satisfação, de realização, de vida? Soube fazer algo disso? Ou evitou o encontro com o real desse chamado? Fingiu que não era nada? Fechou os ouvidos? Recuou diante dessa tarefa impossível? Teve medo? Quis ignorar o chamado inconsciente de seu desejo escolhendo o caminho neurótico do recalque ou o caminho psicótico da foraclusão?[4]

Se a libertação dos fluxos do desejo reage justamente ao culto resignado do princípio de realidade, ao qual parece se dedicar a psicanálise, ela não parece se dar conta de que gera um novo monstro: o mito da esquizofrenia como nome da vida que refuta toda a forma de limite, da vida livre do pai, livre do Outro. O mito do «corpo-esquizo» como um corpo anárquico, em pedaços, pleno, «sem órgãos», construído como uma máquina pulsional que goza em toda parte, antagonista irredutível da hierarquia do Édipo, traduziu-se nos fluxos da máquina cínica e perversa do discurso do capitalista.

3 «Por nossa posição de sujeito, sempre somos responsáveis». Jacques Lacan, A ciência e a verdade. In: Jacques Lacan, *Escritos*. Trad. Vera Magalhães. Rio de Janeiro: Zahar, 1998. p. 873.

4 Sobre esses temas, permito-me remeter a Massimo Recalcati, *Elogio dell'inconscio. Dodici argomenti in difesa della psicoanalisi*. Milão: Bruno Mondadori, 2009.

No entanto, se lido novamente hoje, este *O anti-Édipo*, de Deleuze e Guattari, é ainda muito mais do que isso. Não é apenas a celebração de um desejo que não consegue acertar as contas com a Lei da castração. Há uma linha mais sutil que o atravessa e que minha geração provavelmente não conseguiu entender em profundidade. É um grande tema, se não for o tema central desse livro. Deleuze e Guattari o retomam usando as palavras do psicanalista Reich — grande teórico da psicologia das massas do fascismo e da análise do caráter, antes de começar a delirar em torno da teoria da energia orgônica: «Por que as massas desejaram o fascismo?». Problema que encontramos intocado já em Spinoza: «Por que os homens lutam pela sua servidão como se se tratasse da sua liberdade?».[5]

Em *Mil platôs*, Deleuze e Guattari, quase dez anos depois de *O anti-Édipo*, retornam à oposição entre desejo e Lei, com um esclarecimento que deveria ter sido levado a sério. Atenção aos microfascismos, ao micro-Édipos que se instalam bem lá onde pensávamos existir apenas o fluxo libertário do desejo. «A mãe», escrevem, «pode se acreditar autorizada a masturbar o filho, o pai pode se tornar mamãe».[6] Como soa antecipadora dos nossos tempos essa autocrítica na qual a máquina desejante se transformou na máquina sem Lei, nem recalque, do discurso do capitalista! Como Nietzsche sabiamente advertia os homens que viviam o anúncio libertador da «morte de Deus» do risco que eles corriam de gerar novos Ídolos (o cientificismo, o fanatismo ideológico, o próprio ateísmo, toda espécie de fundamentalismo), do mesmo modo Deleuze e Guattari advertem os seus «filhos» que existe

5 Gilles Deleuze; Félix Guattari, Op. cit.
6 Gilles Deleuze; Félix Guattari, *Mil platôs: Capitalismo e esquizofrenia*. 2 ed. São Paulo: Editora 34, 1995.

um perigo insidioso inscrito na própria teoria do desejo como fluxo infinito, como «linha de fuga» que ultrapassa constantemente o limite, como potência permanentemente desterritorializante. Atenção, pareciam nos dizer, que essa linha «não se converta em destruição, abolição pura e simples, paixão de abolição». Atenção, que essa «linha de fuga» que recusa o limite não se torne uma «linha de Morte».[7]

O filho-Narciso

No tempo dominado pela evaporação do pai — tempo em que a sacada de São Pedro está vazia e a memória do secretário do Partido Comunista evanescida (Nanni Moretti), tempo em que os Ideais parecem estar todos na merda (Pasolini) —, uma falsa horizontalidade parece ter substituído a hierarquia rígida que tinha orientado a nossa vida coletiva. A especularidade narcisista tomou gradualmente o lugar da diferença geracional e do conflito que inevitavelmente a anima. E os filhos tomaram o lugar dos pais. Não só porque, como foi corretamente percebido, a criança submeteu a ordem familiar às suas exigências narcisistas; em vez de se adaptar às leis simbólicas e aos tempos da família, o ídolo-criança impõe à família a necessidade de modelar-se em torno da lei arbitrária do seu capricho. Mas principalmente porque o nosso tempo, enfatizando unilateralmente os direitos universais da criança, acaba por considerar com desconfiança toda ação educativa que assuma a responsabilidade vertical da sua formação. Como se reafirmar a centralidade de uma ação responsavelmente educativa significasse automaticamente recuperar um nostálgico modelo disciplinar e

7 Ibid.

autoritário de educação, em vez de entender a necessidade que a criança expressa de ser ajudada a se formar como sujeito, de poder tornar-se um sujeito graças à ação do Outro! Não é por essa razão que Françoise Dolto propunha substituir o termo «educação» pelo de «humanização»?

O tempo da evaporação do pai é o tempo da evaporação dos adultos. O narcisismo dos filhos depende do narcisismo dos genitores. Se um dos pais assume a felicidade inconsequente de seus filhos como parâmetro de sua ação educativa, deixando à parte o da transmissão do desejo e da responsabilidade subjetiva que tal transmissão comporta, sua ação se dissipa fatalmente na adesão ao capricho dos filhos. Desse modo, ele se livra da angústia de ter de encarnar o limite, mas seus filhos potencializam seu narcisismo, intolerante a toda experiência de limite. Também o «desejo de ter um filho» não está mais necessariamente associado àquele de assumir a responsabilidade de sua formação, isto é, de sua adoção simbólica. No nosso tempo, o narcisismo dos homens e das mulheres busca muitas vezes a experiência real da filiação — ser pais e mães — como um capricho que se tornou possível pelos progressos da ciência médica, que permite pular artificialmente a contingência do encontro sexual e o trauma da inexistência da relação sexual, que, assim, permite fazer tudo sozinho, sem passar pela mediação simbólica do Outro.

Se a tarefa de um pai e de uma mãe é excluir da experiência dos próprios filhos o encontro com o obstáculo, com o inassimilável, com a injustiça, se a sua preocupação diz respeito a como aplainar o terreno, livrando-o de todas as arestas para evitar o encontro com o real, o adulto acaba por criar um filho-Narciso que ficará preso a uma versão apenas especular do mundo. Nesse sentido, a passagem do filho-Édipo para o filho-Narciso — no centro das formulações sociológicas de Gilles Lipovetsky, retomadas no âmbito psicanalítico por Pietropolli Charmet — não é apenas uma passagem que libera o novo filho do tormento da culpa e da punição que, no caso, afligiam o velho filho-Édipo.[8] A ausência do senso de culpa nunca é, com efeito, um bom indício clínico em Psicanálise.[9] A questão é como não atribuir à culpa uma interpretação somente sob a ótica da moral superegoica. Se a culpa — a única que merece, para Lacan, esse nome — é aquela de ceder, de renunciar, de abandonar o próprio desejo e a responsabilidade que a sua assunção singular comporta, o filho-Narciso aparece sem culpa, não porque realizou a Lei do seu desejo, mas porque essa Lei corre o risco de não se inscrever de fato no inconsciente do sujeito. É porque, ainda mais radicalmente, o sujeito aparece sem desejo. Não se trata, portanto, na minha opinião, de enfatizar demais a passagem de Édipo a Narciso como uma libertação do senso de culpa, mas de apreender, acima de tudo, como, nessa passagem, corre-se o risco de diminuir a força geradora do desejo que, mesmo na tragédia do conflito mortal, continua a persistir no filho-Édipo na forma da exigência de subverter o princípio de realidade representado pela autoridade do pai. Nesse sentido, como corretamente fazem perceber também Lipovetsky e Pietropolli Charmet, o mito da autogeração é o mito mais apropriado ao filho-Narciso.[10]

8 Gilles Lipovetsky, *A era do vazio: ensaios sobre o individualismo contemporâneo*. Barueri: Editora Manole, 2005. Gilles Lipovetsky; Sébastien Charles, *Os tempos hipermodernos*. Lisboa: Edições 70, 2011. Gustavo Pietropolli Charmet, *I nuovi adolescenti. Padri e madri di fronte a una sfida*. Milão: Raffaello Cortina, 2000. E, principalmente, Gustavo Pietropolli Charmet, *Fragile e spavaldo. Ritratto dell'adolescente di oggi*. Bari: Laterza, 2008.

9 Na clínica psicanalítica, a ausência do senso de culpa define, em um sentido estrito, a posição do sujeito perverso. Cf. Jacques Lacan. Kant com Sade. In: op. cit.

10 Gustavo Pietropolli Charmet, Op. cit., p. 6.

O casulo que protege o filho-Narciso quer poupá-lo da dor de existir. Não se pode esquecer que toda ação educativa — mesmo aquela mais justa e amável — não pode nunca pretender salvar a vida dos próprios filhos do encontro com o real sem sentido da existência, da sua contingência ilimitada, da sua ingovernabilidade absoluta. O que isso quer dizer? Quer dizer que podemos arar a terra, colocar ali a melhor semente, proteger os primeiros brotos das adversidades do mau tempo, curar as suas doenças, não deixar faltar a medida certa de luz e água, mas tudo isso, e tudo o mais que podemos fazer, não poderá jamais assegurar a qualidade do resultado que obteremos. Podemos contribuir com a preparação de um campo fértil, mas nada nos garantirá a efetiva realização dessa fertilidade. A vida está exposta sem proteção ao risco irreparável da contingência. É certo, sabemos também que a transmissão do desejo de uma geração a outra, dos genitores aos próprios filhos, é a prevenção mais potente contra a tendência da vida a dispersar-se no gozo mortal, a desvanecer na «noite dos Pretendentes». Se houve transmissão eficaz do desejo, um sujeito poderá sempre responder às sereias lúgubres do gozo mortal e a seu chamado recorrendo ao tesouro invisível do próprio desejo. Diferentemente, quando o desejo definha, quando sua transmissão não foi eficaz, quando sua herança é faltante, a vida poderá mais facilmente se deslumbrar com o gozo mortal. Essa transmissão — a transmissão do desejo de uma geração a outra — é seguramente a tarefa educativa decisiva dos adultos. Mas o tempo do filho-Narciso é o tempo, dizíamos, em que os adultos evaporaram. A evaporação do pai comporta, de fato, a evaporação do peso simbólico da diferença geracional; portanto, da diferença entre genitores e filhos e, em última instância, da própria existência dos adultos. O filho-Narciso não é então apenas o filho autorizado a cultivar o sonho da própria realização e da própria felicidade, mas é também o filho sem desejo, plastificado, apático, perdido no mundo devorador dos objetos, intolerante a cada frustração, é o pequeno rei-vampiro insensível ao esforço do Outro e ao seu débito simbólico.[11] Trata-se de uma fixação do mito de Pan (que significa, não por acaso, «tudo»), que exclui a experiência do limite e da falta. É o destino do filho-Narciso; ficar agarrado a uma imagem permanentemente jovem de si, subtraída do corte simbólico da castração, eternamente cheia de vida. A relação com a própria imagem se prolonga especularmente na relação com os objetos. Em tal relação, não há sujeito. Ele aparece como que submerso por um gozo atemporal. A «noite dos Pretendentes» não conhece intervalo, escansão, ritmo. É o gozo contínuo de uma multidão dispersa, de um bando disforme sem sujeito e sem responsabilidade; é o gozo inconclusivo e desprovido do desejo de ir vivendo, é o gozo da dissipação, do viver sem desejos.

O filho-Telêmaco

Na *Odisseia* de Homero, Telêmaco é o filho de Ulisses. O pai é obrigado a abandoná-lo e partir para a guerra de Troia. Ficará distante de casa por vinte anos. O mar e suas artimanhas dificultam o retorno do herói à ilha de Ítaca; Telêmaco o espera desde sempre. A sua casa é invadida por jovens príncipes, os Pretendentes, que saqueiam as despensas, violentam as servas — obrigando o pai de Ulisses, Laerte, a refugiar-se no campo —, comportam-se como senhores arrogantes em uma casa que não é a deles. A ambição é maior do que a de esposar Penélope, mulher de Ulisses. Telêmaco

11 Cf. Francesco Stoppa, *La restituzione. Perché si è rotto il patto tra le generazioni*. Milão: Feltrinelli, 2011, p. 121-133; Catherine Ternynck, *L'uomo di sabbia. Individualismo e perdita di sé*. Milão: Vita e Pensiero, 2012. p. 5-73.

é forçado a assistir impotente à tragédia de um assédio incestuoso. Mas a sua espera não é somente uma espera impotente. Ele tenta tomar diversas iniciativas para salvar a sua terra da violência dos Pretendentes; pede ajuda à assembleia e empreende uma viagem perigosa (os Pretendentes tramam a sua morte) em busca de notícias sobre seu pai. Finalmente, quando Ulisses poderá reaver a sua terra e encontrar Telêmaco na humilde cabana do porqueiro Eumeu, o filho não saberá reconhecer o pai, já que a deusa Atenas o havia sabiamente transformado em mendigo, a fim de que não fosse reconhecido por seus inimigos. Só em um segundo momento os dois poderão finalmente se abraçar e realizar sua implacável justiça, eliminando, um a um, todos os Pretendentes.

A espera de Telêmaco não é espera de uma Lei anônima, não é espera da aplicação de rotina da Lei do Código. Ele espera o retorno de um pai. O seu desejo é desejo do «retorno do pai»: «Que, se aos mortais fosse dado escolher o que bem lhes conviesse, escolheríamos logo alcançar de meu pai o retorno», afirma o filho de Ulisses.[12]

Como filhos, fomos todos Telêmaco; todos esperamos um pai que devia regressar do mar. O olhar de Telêmaco perscruta o horizonte; está aberto para o porvir. A minha tese é a de que o nosso tempo não esteja mais sob o signo de Édipo, do anti-Édipo e de Narciso, mas sob o de Telêmaco. Telêmaco demanda justiça: na sua terra não há mais Lei, não há mais respeito, não há mais ordem simbólica. Ele exige que se restabeleça a Lei e que a «noite dos Pretendentes» acabe. Telêmaco, diferentemente de Édipo, que tomba cegado, e de Narciso, que tem olhos somente para sua imagem, olha o mar. Seus olhos estão abertos na direção do horizonte e não arrancados, cegados pela culpa do próprio desejo criminoso, nem seduzidos

12 Homero, op. cit., Canto XVI.

mortalmente pelo fascínio de sua beleza estéril. Telêmaco, diferentemente de Édipo, não vive o pai como um obstáculo, como o lugar de uma Lei hostil à pulsão, não experimenta o conflito com o pai. Ele, como veremos em seguida, é o herdeiro certo. Espera o pai, espera a Lei do pai como a que poderá recolocar ordem em sua casa, usurpada, ofendida, devastada pelos Pretendentes. Busca no pai o lugar de uma possível Lei justa. Telêmaco, diferentemente de Édipo, volta-se para a ausência do pai com a esperança de poder encontrá-lo. De um lado, o filho-Édipo e a luta até a morte com o pai; de outro, o filho-Telêmaco que procura desesperadamente um pai. Não há dúvida, ao menos para mim, de que as novas gerações de hoje se assemelham mais a Telêmaco do que a Édipo. Elas demandam que alguma coisa cumpra o papel de pai, que algo retorne do mar, demandam uma Lei que possa trazer outra vez uma nova ordem e um novo horizonte do mundo.

A clínica psicanalítica mostra que a ausência empírica do pai, de fato, não seja nunca, em si mesma, um trauma. A sua carência se torna traumática apenas se implica uma carência simbólica. É uma tese clássica de Lacan. Nenhum dos familiares de Ulisses enlouquece na ilha de Ítaca. A ausência do pai não é significada pela palavra de Penélope como um abandono irresponsável: Ulisses não abandonou sua família, não abandonou a sua gente. Sobre ele, diz-se que tenha se perdido no mar. A ausência paterna se torna traumática, especificaria Lacan, se a palavra da mãe a interpretasse como sinal de desinteresse, de recusa à adoção simbólica que a escolha da paternidade impõe. A palavra da mãe tem o poder de dar significado à ausência do pai de maneira totalmente diferente. Por essa razão, Lacan funda o valor simbólico do Nome do Pai com base na palavra da mãe. Essa palavra significará a ausência do pai como uma negligência condenável ou como uma exigência que permite à família viver. Não é a ausência do pai que é traumática em si mesma; depende de como essa palavra é transmitida simbolicamente pela palavra da mãe. Como Penélope transmite o Nome do Pai? Ela transmite a Telêmaco que a ausência de seu pai não é um capricho, não é o fruto de uma recusa a sua função paterna, não é o resultado de um egoísmo cínico. Com sua espera por Ulisses, Penélope transmite a Telêmaco que a ausência do pai está prenhe de sentido humano. Sua vigília mantém vivo o Nome do Pai. Significando a ausência de Ulisses como a «ausência de uma presença», ela transmite a Telêmaco todo o sentido de sua herança de filho.[13]

A ausência não significa, nesse caso, o trauma do abandono, mas anima a necessidade da vigília, da espera e da invocação. Não por acaso, Lacan faz dessas três dimensões da experiência humana (a espera, a vigília e a invocação) modelos para decifrar a figura do desejo como desejo do Outro Lugar, como desejo de Outra Coisa.[14] O desejo não pode ser esmagado pela mera satisfação das necessidades, mas revela-se diverso da fome bestial justamente quando animado por uma transcendência que o abre para o inédito, para

13 Ulisses não é somente a imagem da astúcia da razão burguesa, como querem mostrar Adorno e Horkheimer em *Dialética do esclarecimento*. Ele não se limita a contornar a imposição do sacrifício para alcançar um gozo fora da Lei, mas é também aquele que sabe refutar o gozo mortal para manter fidelidade a seu desejo (voltar a Penélope) e a sua promessa paterna (voltar a Telêmaco). Sabemos como o mito conta que Ulisses não tinha nenhuma vontade de partir para a longa guerra de Troia e, para convencê-lo, a cabeça do pequeno Telêmaco foi colocada na frente da lâmina afiada do arado. Naquele momento, ele não teve dúvida em sacrificar sua vida e sua liberdade pela vida do filho. O mesmo ocorrerá em suas vicissitudes pelo mar. Nenhum encontro, nenhum sortilégio jamais o distrairão completamente da tarefa do retorno, da responsabilidade ilimitada em relação à sua família.

14 Cf. Massimo Recalcati, *Ritratti del desiderio*. Milão: Raffaello Cortina, 2012. pp. 116-126.

o ainda não conhecido, para o ainda não pensado, para o ainda não visto. Nesse sentido, carrega consigo uma aspiração que transcende a simples presença das coisas. O desejo de Telêmaco não é apenas o desejo nostálgico de que o pai retorne, mas de que exista «pai», de que possa existir ali um sentido humano e não animal da Lei, que possa haver um Outro Lugar, uma Outra Coisa em relação ao gozo incestuoso dos Pretendentes e à devastação de sua casa. O desejo de Telêmaco é desejo de Outra Coisa. Não de um Outro mundo, de uma realidade utópica que não existe, de uma cidade ideal impossível de alcançar. Telêmaco exige justiça «agora»! Sua indignação rejeita o que existe não em nome de um ideal impossível de atingir, mas em Nome do Pai. O que isso significa? Ele defende a dignidade particular de sua família, dos que lhe são caros, de sua terra, de sua mãe, de sua cidade. Não apela abstratamente para o direito do herdeiro, para o direito universal do Reino. Sua indignação é movida pela ofensa que golpeia aqueles que ama. Não invoca uma Lei abstrata, mas uma justiça que proteja sua casa. Ele está à procura do sentido humano, e não jurídico, da Lei. Está à procura do sentido da Lei da palavra. Os Pretendentes pisotearam essa Lei.

Na *Odisseia*, o mundo do adolescente é representado, ao mesmo tempo, por Telêmaco e pelos Pretendentes. Esses últimos são, de fato, coetâneos de Telêmaco, jovens príncipes como ele próprio. Mas a juventude deles pisoteia a Lei do pai, humilha sua gente, declara Ulisses morto, despindo-o assim de qualquer forma de respeito. O desmantelamento do pai acontece violentamente. Parricídio e incesto: pisotear o pai morto que não voltará mais, profanar a memória e possuir sua esposa. Há crime maior do que esse? Os Pretendentes são uma versão sadiana de Édipo. Refutam a Lei que interdita o incesto e o respeito à Lei paterna que o representa. Pisoteiam a Lei não escrita da hospitalidade, que, no mundo grego, é a encarnação mais profunda da Lei da palavra.[15] Eles querem que a rainha se case com um deles para tomar o lugar de Ulisses e impedir que Telêmaco herde o reino do pai. Não reconhecem a Lei que limita o gozo. *A morte de Ulisses é a morte da Lei* porque autoriza o incesto e o assassinato. Somente a deusa Atena salva Telêmaco da mão sanguinária dos Pretendentes, que haviam tramado a emboscada mortal em seu retorno da viagem em busca de notícias sobre o destino de seu pai.

A invocação, a espera e a vigília de Telêmaco — o seu olhar aberto sobre o mar — evocam o pai não como obstáculo — como ocorre em Édipo —, mas como possibilidade de reestabelecimento da Lei da palavra na própria casa e na própria cidade. Telêmaco está na posição do *desiderantes*, assim como nos é descrito por Júlio César no *De bello gallico*: sobreviveu ao campo de batalha, não morreu e espera aqueles que ainda arriscam a vida sob um céu estrelado, sem, porém, que nenhuma estrela possa garantir o retorno dos próprios companheiros. A vigília é, para Lacan, não por acaso, um nome do desejo, uma versão especial, pois transcende sempre o objeto como simples presença.[16]

15 «Os Pretendentes derrubaram toda a Lei; em vez de levar presentes à rainha que cortejavam, eles consumiam em farras os bens de Odisseu. Eles eram culpados de prevaricação, de *hýbris*: haviam ultrapassado os limites dentro dos quais tinham sido colocados pelo destino e pela vida. Tinham perdido o sentido de fronteira. Tinham invadido a casa do rei, ansiavam por seus bens, abusavam de suas empregadas, assediavam sua mulher, atentavam contra a vida de seu filho, impunham suas vontades ao aedo, provocavam os servos, agrediam hóspedes e estrangeiros... O poeta mostra-os passando por cima das leis da hospitalidade, que era um ponto crucial da sociedade grega. Eles ofendem Zeus, o hospedeiro.» G. Aurelio Privitera, op. cit., p. 236-238.

16 Cf. Massimo Recalcati, op. cit., p. 119-126.

Enquanto o mal-estar de Édipo se desencadeia a partir de uma luta de morte com o pai — e o seu crime consiste no parricídio e no incesto — e o de Narciso se produz em um espelho suicida, para Telêmaco o mal-estar é viver em um mundo onde o sentido humano da Lei da palavra é ultrajado, ofendido, humilhado. Enquanto, no caso de Édipo, a Lei é um freio do desejo, e o pai intervém como um adversário que cruzou casualmente seu próprio caminho, para Telêmaco, a Lei é o que pode reconduzir o caos devastador do gozo mortal à experiência necessária da castração e do desejo. No primeiro caso, o desejo incestuoso entra em conflito com a Lei, ao passo que, no segundo o desejo invoca a Lei como uma sua possibilidade.

Telêmaco, diferentemente de Édipo e Narciso, que são sem-nome, alimenta-se do Nome. Faz existir, junto com Penélope, o Nome do Pai. Nesse aspecto, ele está no mesmo movimento de Jesus. É o filho que sabe fazer existir o pai. É Cristo que salva Deus, afirma acuradamente Lacan.[17] A fé de Deus se consolida de fato, somente em torno do sacrifício do filho. É o testemunho do filho (do Verbo que se faz carne, para o *Evangelho* de João) que funda a existência do pai e dá corpo ao testemunho de Deus. O mesmo, se quisermos, acontece na grande subversão teológica representada por Cormac McCarthy em *A estrada*. Nesse caso, é a existência sobrevivente de uma criança, em um mundo devastado pela violência e pelo horror, em um mundo sem Deus, sem Nome do Pai, que torna ainda possível a existência de Deus, que torna ainda possível um futuro para Deus. O amor de um pai pelo filho, sendo maior do que aquele por Deus, não só não é visto aqui como pecado — Segundo Agostinho, o pecado é amar mais a criatura do

17 Jacques Lacan, Do barroco. In: Jacques Lacan, *O Seminário, livro 20. Mais, ainda*. Rio de Janeiro: Zahar, 1985.

que o Criador —, mas se transforma na única condição para tornar ainda possível a fé na existência de Deus.

O pai protagonista de *A estrada*, que faz o que pode para defender do Mal a vida de seu filho, é, na verdade, salvo pelo filho. Enquanto existir uma criança, haverá possibilidade de vida humana, possibilidade de que a Lei da palavra volte a regular um mundo precipitado sobre o abismo da violência absoluta do gozo mortal. Do mesmo modo, como já foi notado, quando Ulisses, na *Ilíada*, deve se apresentar, ele o faz não como rei de Ítaca, mas como «pai de Telêmaco».[18] O que isso quer dizer? Quer dizer que ele decide não se apresentar por meio dos semblantes do poder — como rei de um reino —, mas somente a partir da sua responsabilidade ética, a partir de uma responsabilidade que precede toda legitimidade. É «pai de», não é «proprietário de». É o Nome do Filho, não o Nome do Pai, que o define. É a sua responsabilidade ilimitada de pai que está aqui em primeiro plano, e não a potência de seu Nome próprio. É essa mesma responsabilidade que o impele para o retorno à casa. É para permanecer fiel a essa responsabilidade que ele sabe ainda renunciar à embriaguez da errância e à imortalidade do eterno. De fato, a renúncia maior de Ulisses é à imortalidade, sonho que a sedutora Calipso promete a ele. Em nome de que Ulisses renuncia ao sonho da imortalidade? Ele pode renunciar somente graças à potência do amor. Há algo que leva Ulisses para além do absoluto, para além da promessa do eterno, para além da miragem de salvar a vida de seu fim. É o rosto de Penélope gravado pelo tempo, é a vida de seu filho e de sua comunidade, que valem mais do que a imortalidade e a glória pessoal.

18 Cf. Giuseppe Lentini, *Il «padre di Telemaco». Odisseo tra Iliade e Odissea*. Pisa: Giardini, 2006.

> Deusa potente, não queiras com isso agastar-te; conheço / perfeitamente que a minha querida e prudente Penélope / é de menor aparência e feições menos belas que as tuas. / Ela é uma simples mortal; tu, eterna, a velhice não temes. / Mas, apesar de tudo isso, consumo-me todos os dias / para que à pátria retorne e reveja o meu dia da volta.[19]

De onde Ulisses pode extrair a força para se desvencilhar do torpor do gozo prometido como imortal? Não acredito que seja somente uma questão de vontade e de autodisciplina. Ulisses não é aqui muito diferente de Abraão, que, seguindo um caminho apenas aparentemente oposto, confia Isaac ao deserto. Não é como pensava Lévinas: Abraão e Ulisses não são duas figuras em oposição.[20] O retorno de Ulisses não é uma reapropriação da própria essência, não é um retorno na direção do Mesmo. Ulisses não conserva absolutamente aquilo que tem. Em seu regresso, encontrará Penélope e o filho amado. Encontrará a memória de um amor e a terra dos pais. Mas encontrará tudo isso tendo-o perdido. Ninguém dará a ele novamente a juventude de sua mulher e os sorrisos de seu filho criança. Seu retorno não tem a forma de um reassentamento. Ele será obrigado a uma outra viagem antes de encontrar a paz. O Um não se recompõe jamais; Ulisses mostra, mais do que a recomposição do Um, a potência insubstituível do objeto amado, a sua absoluta incomparabilidade, a força da fidelidade ao próprio desejo. Mostra que o eterno está no mundo, está aqui, está na ligação com quem amamos. Não é apenas nostalgia (*nostos*) o que aflige Ulisses. A sua é, na verdade, uma «fidelidade

19 Homero, op. cit., Canto V.
20 Cf. Emmanuel Levinas, *Totalidade e infinito*. Lisboa, Portugal: Edições 70, 2008.

à terra». Não devemos atribuir valor moral ao teor da escolha de Ulisses (o retornar à casa, a fidelidade à esposa e ao filho), mas mostrar como ele decide sobre seu retorno para responder à Lei de seu desejo, para abraçar Penélope junto a si, para reconhecer seu filho, para restituir novamente a Lei da palavra a sua comunidade. Não porque esses sejam valores morais universais, mas porque eles tornam possível sua vida digna de ser vivida, satisfeita, feliz.

Abraão e Ulisses têm em comum o amor pelo filho. É esse amor sem interesse que anima suas decisões. A de Abraão, de perder Isaac, de entregá-lo ao deserto; a de Ulisses, de perder a própria imortalidade para voltar à casa a fim de reconhecer Telêmaco e reencontrar o rosto e o corpo de Penélope, para reabilitar a Lei da palavra. Desse ponto de vista, ainda a célebre leitura de Ulisses proposta por Adorno e Horkheimer, em *Dialética do esclarecimento*, resulta fatalmente parcial: Ulisses não é apenas o nome do «sacrifício», a estratégia autoconservadora da razão nos confrontos com a natureza. A lógica que inspira sua vida não é só aquela do controle astuto e do domínio de si, que «sobrevive somente às custas da renúncia ao próprio sonho».[21] Ulisses indica, sobretudo, o caminho do pai que, sem interesse, escolhe o amor do filho e da própria esposa, escolhe obedecer à Lei do próprio desejo, que é uma Lei para além de todo sacrifício. Sua renúncia não está a serviço do domínio e da apropriação, mas sim do desejo e de sua transmissão simbólica.

21 Theodor W. Adorno; Max Horkheimer, op. cit.

O QUE SIGNIFICA SER UM HERDEIRO CERTO?

A herança como reconquista

Em seu texto-testamento, que ficou incompleto, intitulado *Compêndio de psicanálise*, a última palavra de Freud é dedicada, não por acaso, ao tema da herança. Ele cita um célebre fragmento de Goethe: «o que herdaste dos pais, reconquista-o, se quiseres verdadeiramente possuí-lo».[1] O ato do herdar é aqui definido como uma *reconquista*. Para herdar algo do Outro, para ser verdadeiramente um herdeiro, não é suficiente receber passivamente uma herança já constituída, mas é necessário um movimento subjetivo de retomada, de subjetivação do débito. Sem esse movimento de retomada do passado que nos constitui, sem esse tempo duplo em que devemos tornar nosso aquilo que já foi nosso, em que devemos

1 Sigmund Freud, *Compêndio da psicanálise*. Trad. Renato Zwick. Porto Alegre: L&PM Editores, 2015. A tradução acima é nossa, a partir do italiano. A da versão brasileira, direta do alemão, traz: «O que herdaste de teus pais, adquire-o para possuí-lo» [N. T.].

repetir justamente o que nos constituiu, não se dá qualquer experiência subjetiva de herança. A herança nunca se dá pela natureza, pelo destino ou pela necessidade histórica. Não é uma obrigação, embora implique um vínculo, uma dívida simbólica. Se a herança é um movimento subjetivo de reconquista do próprio ser-estar, ela não define apenas um evento de descendência, mas é o próprio tecido de que é feita a realidade da existência subjetiva. Os seres humanos como seres falantes — como diria Lacan, «falasser» — são, acima de tudo, herdeiros da linguagem, herdeiros da Lei da palavra. É esse o débito simbólico que os vincula ao Outro. Também por essa razão, a herança não é, de modo algum, um ganho econômico. Herdeiro não é aquele que recebe bens e genes do Outro; a herança autêntica não é algo da ordem do sangue ou da biologia. É o que Cristo tenta explicar a um Nicodemos atônito: se você quer nascer verdadeiramente, não basta o primeiro nascimento, o biológico, mas se deve nascer uma segunda vez. Não mais do ventre de sua mãe, explica calmamente Jesus. O segundo nascimento, aquele que concerne à questão do herdar, é uma conquista da subjetividade. Isso significa que o primeiro nascimento, o da carne e do sangue, nunca é suficiente para fazer uma vida humana. A vida não se humaniza recebendo o seu equipamento genético ou os bens materiais a que se tem direito, mas tornando realmente próprio tudo o que foi recebido do Outro, subjetivando sua proveniência do Outro, a dívida simbólica que nos liga a ele. Mesmo se, por herança, tivéssemos somente um corpo morto, as suas cinzas, o seu cadáver, mesmo se herdássemos «merda»,[2] isso não significaria, como diria Heidegger, podermos nos eximir de escolher nossa herança.

2 É o tema que Philip Roth desenvolve em *Patrimônio: uma história real*. São Paulo: Companhia das Letras, 2017. Cf. Massimo Recalcati, *Cosa resta del padre? La paternità nell'epoca ipermoderna*. 1. ed. 2011, 2. ed.

Para Lacan, a vida biológica se humaniza somente perpassando o desejo do Outro. Para renascer uma segunda vez, como Jesus convida o filósofo a fazer, é necessário o fermento do desejo. É necessário o encontro com o desejo do Outro. Esse encontro não é garantido pela linhagem, muito menos pela memória histórica do passado. Uma herança nunca é uma apropriação de si mesmo, mas tem sempre como pressuposto uma separação, um desenraizamento, uma distância impossível de cobrir. Por essa razão, Heidegger afirmava poeticamente que a existência é um «ser das distâncias». A reconquista do herdar nunca é um «fazer próprio», no sentido da apropriação de si, do tornar homogêneo, do aparar as arestas da alteridade do Outro, mas sobretudo reconhecer a nossa proveniência e o débito simbólico que ela implica. A herança não é a apropriação de uma renda, mas é uma reconquista sempre em curso. Herdar coincide então com o próprio existir, com a subjetivação — jamais completada de forma definitiva — de nossa existência. Nós não somos mais do que o conjunto estratificado de todos os traços, as impressões, as palavras, os significantes que, provindos do Outro, constituíram-nos. Não podemos falar de nós mesmos sem falarmos dos Outros, de todos aqueles Outros

---

2017. Milão: Raffaello Cortina Editore. p. 119-153. Mas não devemos, talvez, nos perguntar, mais radicalmente, se a herança não é sempre feita de merda, no sentido de que é somente a partir da condição de órfãos, de seres da falta — em que nós somos, como existências, jogados na linguagem —, que se torna possível herdar? No entanto, como mostra magistralmente Roth na cena crucial de *Patrimônio*, é sobre essa mesma merda que deve despontar nosso trabalho de herdeiros como trabalho «secreto» de repurificação, de relação com o que vem do pai, de um cuidado impossível de levar ao fim de uma vez por todas. Devo essa referência sobre a importância do gesto de «purificar» o «patrimônio» ao testemunho deixado pelo pai de Girolamo Dal Maso (conversa privada).

que determinaram, fabricaram, produziram, marcaram, plasmaram nossa vida. Nós somos nossa palavra, mas nossa palavra não existiria se não tivesse sido constituída pela palavra dos outros que nos falaram. A Lei da palavra sanciona a existência dessa dívida simbólica na origem do evento da palavra. A possibilidade de minha palavra é dada pela presença da linguagem que a transcende e sobre a qual ela deve poder inscrever-se para existir em sua singularidade. O ato de palavra é sempre meu, mas é sempre meu somente porque retoma, de modo singular, a existência universal do Outro da linguagem. Uma vida não é outra coisa que não seja esse aprender a falar a própria palavra através da palavra dos outros. O herdar não pode ser então um apagamento dessa palavra e dessa memória do Outro — da dívida simbólica que a ele nos vincula —, tanto menos sua repetição passiva. A herança, diz-nos Freud, usando Goethe, é o efeito de uma reconquista do que foi, é o produto de uma escolha, de uma assunção subjetiva de toda a nossa história, que é, acima de tudo, a história do Outro.

O excesso de memória

O movimento do herdar — a reconquista da herança — sempre pode fracassar. A psicanálise evidencia dois modos fundamentais desse fracasso. Um de «direita» e um de «esquerda». O de direita ocorre comparando a herança à mera repetição daquilo que já foi. Se herdar é um movimento de reconquista — é um tornar próprio aquilo que já é nosso, é querê-lo novamente, querê-lo uma segunda vez, é nascer simbolicamente —, o herdar não pode ser reduzido a uma simples repetição do passado, a um movimento passivo de absorção do que já foi. Herdar não é a reprodução daquilo que já aconteceu. Aliás, a repetição do passado, o excesso de identificação, de colagem, de alienação, sua absorção passiva ou sua veneração são maneiras de mostrar como o ato de herdar fracassa. Por isso, Freud ressalta que a herança é, acima de tudo, uma decisão do sujeito, um movimento de «reconquista» que se lança para frente. Esse movimento é o contrário de uma regressão nostálgica. A «reconquista» do herdar significa a subversão da replicação passiva do que já foi. Herança não é clonagem, não é nunca reprodução passiva de um modelo ideal decalcado do passado. É a neurose que tende a interpretar a herança como repetição, fidelidade absoluta ao próprio passado, infantilização do sujeito, dependência sem diferenciação, obediência sem crítica, conservação monumental e arqueológica do que já passou. O olhar do herdeiro não é nunca apenas um olhar voltado para trás. Para reconquistar e, portanto, para ser realmente detentor da própria herança, não se pode ficar parado e perto demais daquilo que o morto nos deixou.

Antimelancolia de Jesus e Nietzsche

Trago aqui para vocês duas cenas que foram cruciais para mim, nos tempos de minha juventude, para entender o que significa realmente herdar. A primeira é uma cena do evangelho, de que falam Mateus e Lucas. Na versão de Mateus, o problema é aquele da relação entre o mestre e seus discípulos. Um deles se volta para Jesus, afirmando: «Mestre, estou pronto para seguir-te aonde quer que tu fores». Jesus lhe responde: «As raposas têm tocas, as aves do céu têm ninhos, mas o filho do homem não tem onde repousar a cabeça», recordando a seu discípulo o estatuto errante, sem casa, sem raízes — sem herança como identidade sólida — do humano. Nesse momento, um outro discípulo lhe pede permissão para ir enterrar seu pai. E Jesus, ainda mais resolutamente, responde-lhe «Deixa que os mortos enterrem os seus mortos», proibindo seu discípulo de participar da última despedida de seu pai. Jesus o adverte com energia, sacudindo-o, chamando-o de volta com uma determinação que sempre me pareceu excessiva, implacável, inaudita. «Mestre, deixa-me antes ir enterrar meu pai», pede, submisso, o discípulo: «Segue-me! E deixa os mortos enterrarem os seus mortos»,[3] responde-lhe com firmeza desumana o Mestre. Em Lucas, encontramos um comentário adicional a essa cena, quando o profeta narra as palavras de Jesus: «Ninguém que põe a mão no arado e olha para trás está apto para o Reino de Deus».[4]

Nessa cena, está em jogo o movimento do herdar. Jesus convida a deixar os mortos para os mortos, a deixar os mortos junto àqueles que já morreram. Nisso consiste sua crueldade. Parece prejudicar o trabalho do luto, que, como sabemos, requer um certo tempo para se dar. Jesus convida, em vez disso, a não se dobrar ao passado, e não concede esse tempo, mas, para Freud, o luto exige justamente um tempo a mais, exige «tempo e energia» para poder se cumprir. A palavra de Jesus não apareceria aqui, talvez, como uma alternativa radical em relação àquela da Psicanálise, que ensina — a despeito de todo o ativismo decisionista — sobre a importância de saber demorar-se diante da perda, de dedicar tempo ao morto a fim de que se opere uma simbolização eficaz dele? Não é talvez necessário, como se expressava Freud, um certo «lapso de tempo» para que a perda seja elaborada psiquicamente?[5] A palavra de Jesus não parece, então, convidar para uma fuga maníaca da morte, uma rejeição da finitude? Seria uma leitura enganosa. Nessa cena, o que deve ser ressaltado é a trama profunda

3 Mateus 8:18-22.

4 Lucas 9:62.

5 Sigmund Freud, Luto e melancolia. In: Sigmund Freud, *Obras completas, vol. 12*. São Paulo: Companhia das Letras, 2010.

que costura a memória ao esquecimento. A justa interpretação dessa cena, ao menos para mim, é-nos dada — ser-me-á dada, na minha jovem vida de estudante, anos depois — pela leitura da *Segunda consideração intempestiva,* de Nietzsche.[6] O que está em jogo nesse texto? Uma doença especial, uma hipertrofia da memória: *a doença histórica.* Do que se trata? Nietzsche se pergunta sobre a desvantagem e a utilidade da história para a vida. Interroga-se sobre quando o pensamento do passado — o seu culto de antiguidades ou de monumentos, ou a sua recusa crítica — pode se tornar danoso para a vida. A resposta a essa pergunta diz respeito ao problema do herdar. Quando o saber histórico, o saber do passado, não serve à minha vida, mas a vida se torna serva desse saber, não temos herança, mas doença da herança. Um excesso de memória atordoa, desorienta, esmaga o presente com o peso do passado, tornando impossível o porvir. Um excesso de história torna impossível começar de novo porque submete o presente ao jugo da tradição consolidada, ao peso de uma memória que vira arquivo e monumento. Eis a doença histórica! A memória, o voltar-se para o passado, drena a vida, torna impossível o futuro do reino. Quando o pensamento do passado se torna ruminação incessante, há uma exaustão e um ressecamento depressivo da vida. É a tese de Nietzsche. Mas é também a tese de Freud: o trabalho do luto *passa através* da morte, mas não se cristaliza em torno dela. Não é esta, enfim, a tese de Jesus? Deixem que os mortos enterrem os mortos! Se a vida se deixa prender pela fidelidade ao Outro do passado, ao Outro da tradição, à sua Lei, aos arquivos e aos monumentos do passado, não será possível qualquer possibilidade de criação, não se dará

6 Friedrich Nietzsche, *Segunda consideração intempestiva. Da utilidade e desvantagem da história para a vida.* Rio de Janeiro: Relume Dumará, 2014.

nenhuma herança. Para Nietzsche, essa é a patética obesidade melancólica do histórico: a vida autenticamente histórica tem, ao contrário, necessidade de esquecimento, de suspensão da memória, de «não histórico», de separação do passado. É o mesmo paradoxo que reencontramos em Freud: a memória do nosso passado é fundamental. No entanto, pode dar lugar a uma fixação melancólica que acaba por revogar a plasticidade da pulsão. Pode alimentar um passado vivido como ideal, pode promover uma idealização narcisista dele. É a escolha melancólica: enredar-se no próprio passado, refutar a experiência da separação, persistir na adesão fixada ao objeto perdido, reduzir a herança à repetição passiva e infinita do que já foi. Por essa razão Jesus adverte os seus discípulos: «Deixem que os mortos enterrem os mortos», «Não voltem os olhos para trás enquanto a mão guia o arado!». O familiar jamais esgota a vida; a vida necessita de separação («Não pensem que vim trazer paz à terra; não vim trazer paz, mas espada»[7]; «Quem é minha mãe? E quem são meus irmãos?»[8]). Trata-se, para Nietzsche, de praticar a vertigem do não-histórico, a vertigem da separação. A força maleável do luto consiste nesse exercício da memória que nos permite atingir um esquecimento diferente daquele que pretendesse apagar o passado. Não se trata de querer esquecer, de não querer recordar, não se trata de recalcamento; trata-se mais de como sair do domínio melancólico de quem busca na adaptação ao passado o ideal da própria vida. Trata-se de *estar na história, mas sem história*. Jesus avisa sobre o perigo de não saber esquecer. A experiência da memória fortalece ou enfraquece a vida? É útil ou prejudicial à vida? A melancolia é permanecer colado ao objeto perdido, não ir adiante, não querer ultrapassar a morte. O sujeito

7 Mateus, 10:34.
8 Mateus, 12:48.

melancólico é assediado pela idealização de seu passado. Mas a veneração do passado é uma doença da memória e é — eis o ponto que nos interessa sublinhar — uma falência da herança. Mesmo o nosso Telêmaco corre o risco de assumir uma posição nostálgica, corre o risco da idealização melancólica do grande pai, do pai-rei, do pai-herói como pai perdido. Mas para herdar não é necessário se emaranhar na perda do Ideal, nem no horror do presente — é o caso dessa geração de filhos, que não vê nada diante de si, nenhum horizonte, nenhum Ideal. Para herdar, é preciso fazer aquilo que Lacan chamou de o «luto do pai». Caso contrário, quem herda se torna herdeiro por profissão, cristaliza o movimento para frente do herdar, devido a uma identificação rígida na direção de um ideal do passado. O próprio Telêmaco corre riscos de se assemelhar aos vagabundos de *Esperando Godot*, de Beckett. E se o pai fosse, então, realmente aquele que, no fundo, não chega nunca? Aquele que está destinado a sempre se perder no mar? A nos deixar sozinhos, órfãos, faltantes, a nos abandonar?

Por isso, é necessário nascer uma segunda vez, romper com o familiar («Quem é meu pai? Quem é minha mãe? Quem são os meus irmãos?»), deixar a própria casa, desenraizar-se. Nascer é matar, é quebrar a concha, lançar-se na contingência sem limites, existir em uma descontinuidade radical em relação a tudo aquilo que já foi. A herança como reconquista implica, assim, um tempo de separação e de esquecimento do passado, implica a vertigem abissal do não-histórico. A doença histórica é, para Nietzsche, ao contrário do herdar, uma *idolatria do passado*. Essa idolatria pode se referir também aos povos e às Civilizações. A vida carece, em vez disso, de obscuridade, de sombra, de esquecimento, não apenas da luz da história. É preciso conhecer bem a história da arte, «não se pode evitar de ver o passado», teorizava Franz Kline, mas, para poder gerar um gesto artístico digno desse nome, é preciso também saber esquecer a memória de tudo aquilo que foi; do contrário, o amor excessivo pelo passado acaba por tornar impossível fazer emergir um estilo pessoal.[9]

Quando Freud fala da herança como uma reconquista, quer colocar em evidência o herdar como risco aberto e não como consolidação de um pertencimento já conquistado. As raízes não encerram a identidade, mas devem ser continuamente retomadas por um movimento de errância. Por essa razão, nem mesmo a memória pode esgotar o herdar. É necessário manter uma memória do passado, mas apenas para alcançar, em seu auge, um ponto de esquecimento que torne possível o ato inédito e singular capaz de introduzir novos significantes. A herança como reconquista nunca é a fidelidade acrítica ao passado, não é memória de arquivo, dinheiro e posses, mas implica o esquecimento como força, implica a força do esquecimento. Trata-se sempre de escolher o que se herda, afirmava Heidegger. Por essa razão, em Freud, o inconsciente não é apenas memória do passado mais arcaico, não é apenas o depósito do que foi recalcado, mas é também o lugar da força do desejo, daquilo que ainda não se realizou e que demanda poder se realizar.

Mas o que significa, então, fazer o «luto do pai»? O herdar coincide com o luto como trabalho. É um trabalho do luto. E o que é o trabalho do luto? É conseguir elevar a memória à potência do esquecimento; abandonar os mortos não porque nós os apagamos de nossa vida, mas porque nós os fizemos nossos e somente nesse sentido podemos dizer que fomos capazes de esquecê-los, que pudemos deixá-los morrer, deixá-los ser mortos de verdade.

9 Franz Kleine, L'artista è oggi pro o contro il passato? [Entrevista concedida a] Thomas B. Hesse. In: Carolyn Christov-Bakargiev, *Franz Kline 1910-1962*. Milão: Skira, 2004. p. 114.

A negação da dívida simbólica

Existe, no entanto, um outro modo de fazer a herança fracassar: é o modo «de esquerda». Do que se trata? Trata-se do rompimento da ligação com o passado, da rejeição à memória, do cancelamento da dívida simbólica que acompanha a nossa origem a partir do Outro. A herança, como já vimos, não se esgota na atividade da memória, mas sem memória não pode haver nenhuma herança. O movimento do herdar se situa na borda entre a memória e o esquecimento, entre a fidelidade e a traição, entre o pertencimento e a errância, entre a filiação e a separação. Não o um contra o outro, mas o um no outro, o um engastado na madeira dura do outro. Enquanto o fracasso de direita em relação à herança ocorre por excesso de fidelidade ao passado, o de esquerda se dá por sua recusa rebelde. É a inversão especular da veneração. A passagem adolescente muitas vezes oscila entre esses dois extremos; veneração idealizadora do passado, identificação conformista a respeitos dos modelos familiares, ou ruptura violenta e opositiva com o passado, negação da dívida e reivindicação unilateral da própria (falsa) autonomia. Esse segundo extremo parece caracterizar particularmente o nosso tempo, que é o tempo de uma liberdade que se quer absoluta e desprovida de limites. O culto hipermoderno da liberdade separa a liberdade da responsabilidade pela memória e pelo ato que sabe suspendê-la. É uma liberdade que se proclama como tal rejeitando o árduo trabalho do luto. É, consequentemente, uma liberdade sem responsabilidade. Essa liberdade sustenta — com menos ou mais sentido de tragédia ou de farsa — a ilusão de que o sujeito seja uma espécie de progenitor de si mesmo. É o culto hipermoderno da autossuficiência e da recusa de toda forma de dependência. Os psicanalistas sabem bem que essa recusa — a recusa de ser filho, a recusa da herança — só traz consigo danos e devastação. Não se pode existir sem o Outro; a existência humana jamais é autossuficiente, não pode prescindir da ligação com o Outro. O mito da liberdade sem vínculos é uma miragem hipermoderna que fomenta a redução perversa da liberdade — separada de toda forma de responsabilidade ética — à pura vontade de gozo. A oposição ao pai, o impulso para destruir o Nome do Pai, vincula, cria uma dívida para sempre, não torna possível a separação. É o mito inconsciente de todos os anti-Édipos. O fracasso da herança, nesse caso, ocorre na forma de uma exigência de destruição da dívida simbólica com o Outro.

A parábola evangélica dos vinhateiros homicidas serve bem para mostrar a dimensão criminosa de recusa à herança e seu resultado catastrófico. Os vinhateiros que alugam as vinhas não reconhecem de modo algum a dívida contraída. Não apenas se negam a pagar o que devem, mas agridem e ultrajam os servos do proprietário encarregados de receber os valores. E quando o dono das vinhas decide enviar o próprio «filho dileto» — a alusão simbólica à vida de Cristo é evidente aqui —, pensando que, ao menos para com ele, os vinhateiros terão o devido respeito, esse filho é cruelmente morto. «Mas aqueles lavradores disseram entre si: 'Eis o herdeiro; vamos, matemo-lo, e será nossa a herança'. E logo o mataram, e o jogaram para fora da vinha».[10]

Nessa cena do evangelho, não há herança, mas expropriação injusta que advém da brutalidade da morte do herdeiro, negando-se toda forma de dívida simbólica. Os vinhateiros homicidas são o retrato da falência de esquerda em relação à herança. O

10 Marcos, 12: 7-8.

fantasma que os move é o de uma apropriação ilegítima da herança do Outro, de uma negação do pacto com o Outro, da dívida simbólica que os vincula ao Outro, ao senhor das vinhas. Matar o filho é como matar o pai; é rejeitar a filiação simbólica em nome de um fantasma de autogeração.[11] Mas que sentido teria falar ainda hoje de dívida simbólica, nesse tempo em que os nossos jovens parecem não reconhecer o legado deixado pelas antigas gerações? Nesse tempo em que as antigas gerações obstruíram o horizonte das novas, quando deixaram dívidas reais no lugar das simbólicas, quando não abrem mão de suas posições, não transmitem desejos, mas defendem com unhas e dentes somente seus privilégios nefastos? Que dívida simbólica em uma época em que o lugar do Outro parece totalmente inconsistente? Não se corre o risco de que esse apelo à dívida soe moralista e, ainda mais, opressivo para as novas gerações? Não se deve fazer confusão: a indignação e o conflito não excluem a herança. Herdar significa se reconhecer inscrito em uma ordem que não posso governar; significa reconhecer que minha palavra vem sempre da palavra do Outro; significa assumir nossa constituição como desprovida de fundamento; significa atribuir valor à Lei da palavra. Não por acaso, Lacan considera o acreditar-se um Eu completo como a doença mental por excelência, a expressão máxima da loucura humana, da loucura maior. Nós somos feitos do Outro, originamo-nos do Outro, respiramos o oxigênio do Outro, não poderíamos

11 Não por acaso, é possível recordar que a clínica psicanalítica com adolescentes psicóticos percebe frequentemente a conexão entre a foraclusão da função simbólica do pai e a passagem ao ato parricida; como se um fantasma de autogeração se impusesse no contexto de uma herança negativa, da impossibilidade de o sujeito reconhecer a dívida simbólica com o Nome do Pai. Cf. François Marty, *Filiation, parricide et psychose à l'adolescence. Les liens du sang*. Toulouse: Érès, 1999.

existir sem o Outro. Claro, também temos a tarefa de nos separar do Outro; como acabamos de ver, nesse sentido, nascer é também sempre matar. Mas a condição para uma separação possível reside somente no reconhecimento de nossa proveniência, de nosso pertencimento ao Outro, da impossibilidade de ser Um sem o Outro.

A recusa à herança pode dar lugar ao caminho da repetição obsequiosa e formal do passado, ou o da recusa rebelde. Sujeição ao passado sem invenção, e liberdade sem vínculo nem dívidas simbólicas, são duas maneiras, especulares entre si, de falir o empreendimento do herdar. A proclamação de uma liberdade sem responsabilidade e sem memória é o modo à esquerda de fazer fracassar a herança. É pensar, como fazem os vinhateiros assassinos, a liberdade como desancorada da dívida simbólica que nos conecta à transcendência da linguagem.

Telêmaco é o herdeiro certo

Voltemos mais uma vez a Telêmaco. Por que Telêmaco é o herdeiro certo? Como se dá em Telêmaco o ato de herdar? A espera, o ser *desiderantes*, não enfraquece sua posição a respeito do pai. Já mostramos o risco nostálgico que aflige sua vigília. O complexo de Telêmaco parece ser animado por duas instâncias: uma nostálgico-invocativa, e outra, prático-ativa. Telêmaco não se limita a esperar e a invocar o pai, mas age, rompe com a espera, coloca-se em movimento. O ciclo homérico da *Telemaquia* narra esse agir, esse movimento do filho que vai avante, narra a viagem de Telêmaco. Ele decide sair à procura do pai, buscar a memória de suas ações; navega antes para as terras de Pilo e depois para Esparta, para encontrar os velhos heróis da guerra de Troia. Vai atrás de pistas do pai, de notícias sobre sua vida. Essa viagem — que é a viagem que todo herdeiro é obrigado a cumprir — é repleta de perigos. Os Pretendentes conspiram, de fato, para sua morte e Telêmaco poderá escapar dela, em seu retorno a Ítaca, somente graças à intervenção da deusa Atenas. Nessa viagem, Telêmaco corre perigo porque se encontra com seu passado, não se limitando a recebê-lo como uma garantia, mas se afundando nele até quase se perder. Não é, talvez, esse o movimento certo do herdar? Não comportaria sempre o herdar, talvez, o perigo da desorientação? Não podemos nos esquecer de que Telêmaco, o herdeiro, como todos os herdeiros certos, é um órfão, um deserdado.[12] Em sua viagem de reconquista da herança, ele não encontra o pai porque, na verdade, nunca há encontro possível com o pai. A evaporação do pai determina que o encontro com ele ainda não esteja escrito, mas que isso pode ocorrer, ou não, somente na contingência ilimitada da vida. De forma mais precisa, esse encontro só pode adquirir significado retroativamente. Não é transmissão genética, semelhança, continuidade de sangue. O encontro com o pai é uma possibilidade de sermos filhos. Na epopeia de Homero, isso se torna possível *somente depois da viagem de Telêmaco*. É só na volta dessa viagem — sobrevivendo ao risco de morrer —, que Telêmaco poderá encontrar seu pai na cabana do humilde porqueiro Eumeu, sem tê-lo reconhecido, pelo menos em um primeiro momento. É só *depois* dessa viagem que Telêmaco poderá abraçar e deixar-se abraçar pelo pai, em uma das passagens mais tocantes de todo o poema.[13]

12 Cf. Massimo Cacciari, op. cit.

13 «... Telêmaco, logo, / o nobre pai abraçou, desfazendo-se em pranto copioso. / Ambos sentiram desejo incontido de ao pranto se darem, / e prorromperam em choro ruidoso, como aves bulhentas, / a águia marinha ou os abutres de garras recurvas, privados / por camponeses dos filhos, que, implumes, voar não conseguem: / Pranto piedoso eles dois, desse modo, permitem que flua». Cf. Homero, op. cit., Canto XVI.

O que nos ensina a viagem de Telêmaco, senão que a herança ainda não está constituída na Origem, mas se realiza apenas quando acaba sendo apropriada pelo sujeito em um movimento para frente, de reconquista, diria Freud com Goethe? Nesse sentido, é sempre como órfão que se pode herdar da maneira certa. Se herdar é estabelecer uma relação com o próprio passado, se supõe o reconhecimento de nossa origem e a dívida simbólica que nos vincula a ela, isso jamais comporta uma apropriação da Origem — a reunificação hegeliana com a própria essência —, porque herdar não é uma consolidação da identidade, mas, como mostra a viagem de Telêmaco, um movimento em frente, a exposição a um risco, a um perigo.

O que significa herdar?

É a experiência do impossível introduzida pela Lei da palavra o que nos faz existir como filhos. O filho, é de fato, aquele que vem do Outro. Para que a experiência do limite seja criativa e não acabe em um narcisismo da frustração que a diviniza (o orgulho da humildade), e também não em um culto do desejo sem Lei, que dá lugar a seu apagamento antiedípico, é necessário que ela — a experiência do limite — esteja ligada à experiência da filiação. Desse ponto de vista, todo ser humano, como filho, é *um herdeiro*. Todo ser humano vem do Outro, habita a linguagem, está em uma relação de dívida simbólica com o Outro de que provém. Nesse sentido, uma filiação capaz de ser fecunda implica a existência de uma responsabilidade associada à liberdade. O Outro que acolhe a vida é um Outro investido de uma responsabilidade ilimitada, porque renuncia a exercer qualquer forma de propriedade sobre aquela vida. Mas também porque a vida acolhida nunca é a vida geral, e sim sempre *uma vida*, uma vida particular; aquela vida, aquele nome, aquele odor único do filho. A responsabilidade do Outro consiste em humanizar o evento da vida, em reconhecer uma vida como vida humana, em traduzir o grito em chamado. A responsabilidade ilimitada não está tanto na geração biológica da vida, mas no dizer «sim!» ao evento humano da vida. A filiação implica um ato de adoção simbólica da vida. Não da vida em geral, mas daquela vida, daquela vida almejada e acolhida desde seus detalhes mais ínfimos. Porque a irrupção de uma vida particular é uma gota no mar, embora essa gota não se possa reduzir a ele. Por isso, Lacan afirmava que o amor é sempre e somente do Nome. Não é amor pela vida em geral, mas é amor que se encarna em um particular, em um corpo, em um rosto, no Nome próprio de *uma* vida.

O que quero dizer quando afirmo que a nossa responsabilidade no processo de filiação aparece como ilimitada? A nossa responsabilidade em acolher a vida é ilimitada porque o nascimento de cada vida muda o sentido do mundo, tornando o mundo *para sempre* diverso. Se o Outro não se manifesta como alguém que acolhe a vida, mas como alguém que a recusa, a vida se dissocia do sentido e precipita-se no abandono absoluto (*Hilflosigkeit*). Para humanizar-se, a vida necessita da presença presente do Outro. Presença presente significa presença animada por um desejo. Se esse encontro não ocorre, a vida fica exposta à dissociação do sentido, aparece como vida sem sentido. É o que encontramos regularmente no tratamento das depressões. A vida se humaniza somente por meio do oxigênio do desejo do Outro, por meio de um cuidado que não é anônimo, por meio da particularização dos cuidados. Mas não há humanização da vida sem herança. A herança é o princípio fundador de toda filiação simbólica. O herdar é fazer meu aquilo que me fez ser, reconhecendo a dívida simbólica que me liga ao Outro. É subjetivar a minha proveniência do Outro, que não é apenas proveniência familiar, mas, acima de tudo, proveniência da linguagem, do Outro como Lei da palavra. A filiação, implicando o movimento do herdar, supõe que haja transmissão do desejo de uma geração a outra. A liberdade sem responsabilidade refuta a filiação em nome da geração autônoma de si, ou limita-se a oferecer somente uma caricatura do ser filho, reduzindo a filiação ao culto da imaturidade.

O reconhecimento da dívida simbólica

O que é que se herda, então? E o que é que se herda quando o passado é um corpo morto? Quando o pai é um pai sádico, um pai sem amor? Quando os adultos se evaporaram? A herança não implica descobrir uma identidade já formada, de raízes sem tempo, porque é um movimento que transborda o âmbito do familiar. Não se herda uma certidão de nascimento porque não existe herança genética. A filiação, sendo simbólica, desestrutura a descendência da genealogia. No herdar, mergulho em meu passado não para descobrir as minhas Origens, mas para voltar, para emergir delas. Esse mergulho não é, contrariamente ao que pensava Hegel, um reencontro com a identidade inscrita na tradição. O movimento do herdar implica sempre o ser *filho sem pai*, no sentido de que não se trata tanto de receber o Outro, mas de perder o Outro. O autêntico herdeiro é sempre órfão do Outro. Como acontece a Telêmaco, que parte em busca do pai sem jamais tê-lo conhecido realmente. A *Telemaquia* homérica é, de fato, uma busca do pai a partir da ausência dele.[14] É esse o movimento mais próprio do

14 Uma radicalização do herdeiro como herético, como filho não de si mesmo, mas das próprias Obras, encontra-se na «Telemaquia» que abre o *Ulisses* de James Joyce. Stephen Dedalus é um Telêmaco que, dife-

herdar. O pai que se põe como um Ideal encarnado, onipresente, como modelo exemplar, torna impossível o herdar que não na forma de uma reprodução do Mesmo.[15] Mas, então, o que se herda no processo simbólico da filiação? Herda-se a possibilidade do desejo. É o desejo o que está em jogo em cada herança autêntica. A vida se humaniza somente por meio do desejo do Outro. Nós somos, acima de tudo, as palavras do Outro, dependemos daquelas palavras, somos atravessados por elas. A aplicação da regra da livre-associação, na prática psicanalítica, mostra que, para falar de si, o sujeito deve falar de seu Outro; quando fala de si, está falando do Outro, está falando de como o Outro falou dele. Não existe existência que seja um *ens causa sui*. Nós não somos senhores em nossa casa, repete Freud. Como devemos entender então essa expropriação originária do nosso fundamento? Como devemos entender essa ausência de autossuficiência que o fantasma hipermoderno da liberdade gostaria de poder anular?

---

rentemente do homérico, gostaria de renunciar definitivamente a todos os pais («Basta de pais!»). Ele transforma, com um esforço ciclópico, sua herança impossível em uma justa heresia. Para uma interpretação sobre a herança como heresia na Telemaquia joyceana, a partir da leitura lacaniana de Joyce, permito-me recomendar Massimo Recalcati, Desiderio, godimento e soggettivazione. In: *Jacques Lacan*, p. 219-238.

15 Pode-se ler toda a monumental obra que Sartre dedica a Gustave Flaubert como uma reflexão extraordinária sobre o tema da herança. Gustave pode ser paradoxalmente herdeiro do Outro justamente a partir de sua exclusão pelo Outro; diferente de seu irmão mais velho, Aquiles, primogênito — cujo destino fará com que seja literalmente clonado, a partir do nome próprio, pelo pai Achille-Flaubert. Não haverá escapatória; a identificação totalizante do herdeiro impede o movimento singular de reconquista da herança. Cf. Jean-Paul Sartre, *O idiota da família*. Porto Alegre: L&PM, 2014-2015 (3 volumes). Para um comentário amplo sobre esse texto e tema, remeto novamente a meu *Jacques Lacan*, p. 424-466.

O reconhecimento da dependência da vida do Outro — da nossa dívida simbólica — é a primeira condição para que haja herança. Lacan fala de «dependência constituinte» para assinalar a dívida simbólica da vida em relação ao Outro. As dependências patológicas são, ao contrário, animadas pela ilusão narcisista do *fazer-se sozinho*, do fazer-se sem Outro. É uma das expressões mais graves do mal-estar atual da juventude. É uma tentativa desesperada de apagar a dimensão constituinte da dependência.[16]

A diferença simbólica entre as gerações

O fantasma da liberdade tende a apagar a diferença simbólica entre as gerações. A ideologia da paridade anula o tempo necessário à vida para se fazer existir, como diria Lacan. Anula a diferença geracional e a responsabilidade ilimitada que envolve o adulto no processo de filiação. O filho-Narciso se acopla aos progenitores-filhos. A responsabilidade do ato educativo por parte dos adultos é afastada. Ninguém quer assumir esse peso. Mas onde foram parar os adultos? Como pode existir herança — filiação simbólica — sem que existam adultos? O complexo de Telêmaco mostra que a questão das novas gerações já não é mais aquela de transgredir a Lei, mas é a de que ainda haja respeito na Lei da palavra. É de que exista ainda um adulto capaz de dar testemunho sobre a aliança entre Lei e desejo. É aquilo que denominamos de passagem do Édipo-Narciso a Telêmaco: o mal-estar atual da juventude exprime uma demanda, uma invocação insistente da Lei da palavra.

16 Massimo Recalcati, *Clinica del vuoto. Anoressie, dipendenze, psicosi*, p. 111-119.

Como vimos, o herdar é um movimento passível de fracasso e isso pode acontecer por excesso de identificação ao Outro ou por excesso de revolta nos embates com o Outro. A vida humana deve reconhecer a dívida simbólica, mas não deve permanecer aprisionada no familiar. O reconhecimento da dívida favorece, e não cria, obstáculos para a separação do Outro. A obediência ao passado — a clonagem — e a rebeldia para com o passado — a refutação da dívida — são duas maneiras especulares de levar à falência a interpretação da Lei da palavra. Identificar-se com a Lei ou rejeitar a Lei são ambas apenas mal-entendidos superegoicos da Lei. O fracasso por clonagem não avança na elaboração da separação, não consegue prescindir do pai; o fracasso por revolta, querendo prescindir do pai sem ter se servido dele, acaba produzindo apenas nós de frustração carregados de rancor; o ódio impede a separação e vira uma forma de ligação inquebrantável.

O fracasso da herança é fracasso no modo de entender corretamente o sentido da Lei da palavra, de entender o laço que une, e não separa, Lei e desejo, liberdade e responsabilidade. O testemunho paterno sabe, por sua vez, manter juntos Lei da castração e dom do desejo, interdição e doação. Mas tal união, no tempo da evaporação do pai, não é mais sustentada pelo *autômaton* da tradição, pela potência simbólica do Nome do Pai. Por isso, o nosso tempo exige que repensemos a função paterna desde a base, como testemunho, como ato, como uma encarnação da força vital do desejo. Peguemos como exemplo a sexualidade. Houve um tempo em que a vida sexual e afetiva em família era recoberta pelo tabu moral. O exercício da interdição se estendia sobre a vida da pulsão como sombra sobre as coisas na hora do sol poente. Esse modelo tristemente disciplinar se esgotou. Como se esgotou o tempo em que rezar era como respirar. A sexualidade não está mais ancorada no tabu e na reprovação moral. A sua educação não coincide com a ideia rigidamente normativa da correção, ou, ainda pior, da eliminação. E, no entanto, é justamente o fim do discurso disciplinar o que coloca pais e mães diante da responsabilidade de seus atos. Se não é mais o grande Outro da tradição quem assegura o controle sobre o corpo sexual, que o insere em um discurso de valor, se a assim chamada educação sexual não é mais assegurada pela invasão das prescrições moralistas, como deveremos nos comportar diante da curiosidade, dos comportamentos, das práticas sexuais dos nossos filhos? Esse problema não esvazia o discurso educativo, mas o preenche, forçosamente, de novos conteúdos e de novas responsabilidades.

Ato, fé e promessa

Como acontece a transmissão do desejo de uma geração para outra? Por meio de um testemunho encarnado de como se pode viver uma vida desejante. O dom do testemunho é o dom do Outro, que torna possível o herdar. É necessário que haja encontro com um testemunho desse tipo para que haja transmissão do desejo e, portanto, filiação simbólica. Mas o que é um testemunho que torna possível o dom do desejo? Gostaria de sintetizar isso em três palavras: *ato*, *fé*, *promessa*.

O que é *ato* no processo da filiação simbólica? É testemunho como encarnação do Verbo. Não existe testemunho se não no ato. O que é necessário é que haja encarnação do testemunho como aquilo que sabe tornar possível o desejo e sua transmissão. Não é necessária a retórica pedagógica, nem a pregação moral. Não são necessários os sermões edificantes. Não existem testemunhas de profissão, ou ainda, as testemunhas de profissão são um obstáculo ao ato do testemunho,[17] então é fundamental ressaltar o caráter fortuito do testemunho como encontro. Tal encontro não se dá necessariamente nas relações familiares. Há testemunho onde quer que exista encontro com uma encarnação da Lei do desejo. É o que acontece com Toto, o pequeno protagonista de *Cinema Paradiso*, de Giuseppe Tornatore. Ele encontra em um projecionista de província o testemunho de uma paixão intensa e implacável pelo cinema (Alfredo, interpretado por Philippe Noiret). Essa paixão constituirá o dom invisível que se transmite à cadeia das gerações, mas somente a partir do trágico incêndio que custará a visão de seu mestre. É somente quando a castração atinge o lugar do pai que se dá testemunho do desejo e, consequentemente, torna-se possível a filiação simbólica. Aqui o mito de Édipo se inverte positivamente, tornando possível a herança: o «filho» vira um diretor famoso, o seu olhar será capaz de ver e de fazer os espectadores verem outros mundos, porque o do «pai» renunciou a ver tudo, porque deixou o testemunho de seu desejo abrindo mão de uma cota do seu gozo pulsional. Não é à toa que a herança, adquirida no momento da morte do velho pai adotivo, será um filme composto por todos os fragmentos dos filmes que a censura moralista do padre da cidade (padre Adelfio) tinha impedido de serem projetados na tela. Enquanto a versão moralista da Lei censura o Eros, a Lei da palavra é Lei do desejo, que deixa de herança a paixão do beijo, a força potente do amor, que nenhuma censura pode sequer pensar em conseguir obscurecer. Nesse filme composto por descartes, por restos que sobreviveram, a herança assume a força da Lei do desejo.

17 Não por acaso, o retrato que Roth propõe para o protagonista de *Nêmesis* é o retrato de uma testemunha de profissão que, como tal, descobre-se trágica e ironicamente na origem do mal (a pólio) que queria combater.

O que é *fé*? É o dom mais profundo da genitorialidade. É crer sem reservas e sem interesse no desejo dos próprios filhos. Ter fé nos filhos é sustentar a potência geradora do desejo do Outro. É crer com confiança nos sonhos, nos projetos, na força dos próprios filhos. Essa fé é alimento do desejo, pois a fé do Outro, do desejo do Outro, é o que nutre a fé do filho no desejo que lhe é próprio. Se o desejo do filho é visto com angústia ou suspeita, ele não é nutrido de maneira eficaz. No entanto, se o desejo não for um capricho, ele deve dar provas de constância, de persistência, de empenho. A Lei do desejo não dura o átimo de uma noite. Exige ser colocada à prova. O seu chamado não deve ser apenas acolhido, mas deve ainda ser cultivado no tempo. A fé para com os filhos completa o gesto da interdição. Se a fé não integra a Lei da castração, essa Lei surgirá somente como um peso insensato e desumano. Para libertar a Lei da Lei, ou, se preferirmos, para completar a Lei, é necessário o ato de fé, que, como ato, não pode nunca se fundar sobre uma garantia, mas está sempre exposto à incógnita e ao risco do fracasso.[18]

O que é *promessa*? Promessa é a de que exista uma outra satisfação em relação àquela do gozo mortal. Promessa é a de que essa outra satisfação seja maior, mais rica, mais forte, mais vital do que aquela oferecida pelo gozo mortal. Promessa é a de que somente se o gozo mortal for recusado, somente se esse gozo for submetido à Lei da castração, poderá se ter acesso a um gozo não

18 Sobre a inevitabilidade e sobre a importância fecunda do fracasso no percurso de formação, permito-me remeter a Massimo Recalcati, *Elogio del fallimento. Conversazioni su anoressie e disagio della giovinezza*. Trento: Erickson, 2011.

separado do desejo, e esse *gozo Outro* do gozo mortal será uma potência nova.[19]

Existe uma promessa de Outro gozo, de uma outra satisfação, que é tarefa das velhas gerações transmitir como possibilidade às novas gerações. A preservação do desejo implica a preservação dessa promessa. A promessa dos genitores é promessa de que haja vida capaz de satisfação humana. É promessa de ressurreição sobre essa terra. Mas o que seria uma vida renascida em vida? Os adultos são capazes, como Ulisses, de sustentar a promessa da existência de um Outro gozo, de uma outra satisfação? A promessa é a de manter aberto um horizonte de mundo, é ganhar mundo, é tornar mundo o que ainda não é mundo. Existe uma matriz cristã a que me refiro quando falo em relação a esse pensamento sobre a promessa: é preciso morrer para o gozo mortal, é preciso morrer para o gozo sem esperança da pulsão de morte, para aí sim poder renascer, ressurgir para uma nova vida, para a vida do desejo e do gozo Outro. Trata-se de entregar a vida ao deserto a fim de que ela possa reconquistar a si mesma, como vida humana. Também nesse caso, não se trata de um movimento de apropriação: a libertação do gozo mortal implica uma exposição sem proteção à potência contingente do desejo do Outro.

19 A Lei da castração não proíbe nem abole o gozo; ao contrário, torna-o vital. Contudo, nem todo o gozo abrange a instância dessa Lei, que deixa sempre um resto de gozo refratário à castração simbólica.

EPÍLOGO

Ler a dor nas folhas

Quando criança eu tinha dois heróis: Jesus e Telêmaco. Era meu jeito de matutar sobre minha ligação com *meu* pai e sobre sua *ausência*. Cresci em uma família ocupada demais com o trabalho para poder tomar conta dos próprios filhos. A minha análise me libertou do tormento reivindicatório, fazendo-me descobrir, nessa ausência, um fato estruturante: o ser do pai é sempre o ser de uma ausência. Não é isso que talvez tenham experimentado de maneira traumática tanto Jesus quanto Telêmaco? Não são talvez Jesus e Telêmaco dois filhos que conheceram a fundo o abandono do pai, a sua ausência mais radical?

Se o pai é uma ausência, ou melhor, se a sua é uma ausência sempre presente,[20] ele não pode outra coisa que não seja nos fazer órfãos. O herdeiro certo não tampona a verdade da estrutura, não

20 Cf. Roberto Esposito, Una comunità senza padre. In: Francesco Giglio (org.), *Il padre. Annali del dipartimento clinico «G. Lemoine»*, Milão: Et. Al./Edizioni, 2013. n. 3.

apaga o fato de que nenhum pai nos poderá salvar. Mas, se o Nome do Pai é essa ausência — esse vazio impossível de preencher —, o ato de um pai real (de um genitor) permite uma transmissão e funda aquela filiação simbólica que pode humanizar a vida. Esse ato é o encontro contingente com um testemunho, com uma encarnação singular da Lei do desejo. Há pai, de fato, somente onde há testemunho singular de como seja possível manter unidos, e não opostos, Lei e desejo. Somente onde o nome da Lei não é o nome de uma opressão, mas de uma libertação. Qualquer coisa pode ser um pai; qualquer coisa pode tornar possível o encontro com a nova aliança entre Lei e desejo. Qualquer coisa pode regressar do mar. Um treinador de boxe leitor da Bíblia — como Frankie, em *Menina de ouro*, de Eastwood —, um velho aposentado, um professor da escola básica, uma mãe, a leitura de um clássico, uma obra de arte, um prefeito, um apaixonado por cinema... A herança nunca é herança de sangue, não é a consolidação de uma identidade rígida: o que se herda é sempre *um testemunho*. Nesse sentido, toda paternidade, como explica Françoise Dolto, é radicalmente adotiva.[21] Toda a última filmografia de Clint Eastwood exalta a possibilidade de transmissão do desejo para além do sangue e da natureza.[22] Qual é o ponto que devemos

21 O modelo que ela retira do evangelho é o de São José, que se «submete a esta imposição, ainda que o menino não seja filho de sua carne... Frequentemente se faz confusão entre pai e genitor. Ao homem bastam três segundos para ser genitor. Uma aventura totalmente outra é o ser pai. [...] É melhor, talvez, se o pai for também o genitor, mas no fundo existem apenas pais adotivos. Um pai deve sempre adotar o próprio filho». Cf. Françoise Dolto, *O Evangelho à luz da psicanálise*. Rio de Janeiro: Imago, 1979.

22 Massimo Recalcati, *Cosa resta del padre? La paternità nell'epoca ipermoderna*. 1. ed. 2011, 2. ed. 2017. Milão: Raffaello Cortina Editore, p. 171-189.

ainda sublinhar com força? É que qualquer coisa, qualquer encontro contingente, pode trazer consigo o dom do testemunho possível da aliança entre Lei e desejo. Não existem testemunhas profissionais, assim como não existe uma pedagogia do testemunho. O testemunho pode ser reconhecido somente em uma reconstrução retroativa. Se o testemunho deve ser emancipado de todo ideal de exemplaridade, deve também ser liberado de toda forma de programação. Ele vive no tempo da pura contingência. Não responde a um plano, não pode ser garantido, não depende de uma técnica. A força do testemunho está na sua irrupção lá onde menos se espera. Não é uma intenção, mas um evento que podemos reconstruir de fato apenas retroativamente. Poderei dizer o que foi um testemunho para mim somente quando estiver à frente do tempo em que o vivi.

Quero dar dois exemplos pessoais. O primeiro diz respeito à minha mãe. Nos anos mais impetuosos da minha juventude, rompi violentamente a relação com a escola para me dedicar de corpo e alma à militância política. Estávamos no final dos anos de 1970. Ir à escola parecia, para mim e para muitos de meus colegas, uma perda de tempo. Tínhamos o movimento e o mundo para mudar. Tudo aquilo que nos era dito parecia já nascer morto. A política era, ao contrário disso, alegria, ímpeto de vida, experiência de ressurreição do desejo. Diante da enésima reprovação, não tive mais dúvidas. Julguei encerrada minha relação com a instituição-escola. Mas tinha negligenciado o meu ser filho, tinha negligenciado a palavra de minha mãe. Alguns meses depois de minha escolha, ela me esperou na porta de casa. Nunca pôde estudar devido à pobreza e tinha dificuldades para escrever corretamente em italiano, por causa da influência profunda que o dialeto friulano das suas origens ainda exercia sobre a língua. Da porta, disse-me simplesmente que eu deveria ter continuado meus estudos. «Por qual razão?», perguntei a ela, de cara feia. «Essa escola não é nada pra mim!», eu disse, pensando ter encerrado assim aquela breve conversa. «Porque assim fazem todos», ela respondeu, com uma força que me desarmou. «Não faça como eu, você que pode. Se estudar, não vai se arrepender», concluiu, enfim, sem originalidade. O que ela estava me dizendo senão que, se eu tivesse continuado a estudar, teria visto mais coisas, mais vidas, mais mundos do que aqueles que ela tinha podido encontrar sem jamais ter estudado? Queria me dizer para eu não me fechar em meu mundo, para eu não abandonar a cena do mundo, para permanecer no mundo. Esse foi, para mim, um testemunho no sentido mais forte do termo. A palavra dela foi uma promessa: «Se você renuncia a se fechar em seu mundo, se renuncia à violência de seu mundo, se você se empenhar no estudo, poderá conhecer outros mundos de que não suspeita sequer da existência! Poderá abrir novos mundos, ganhar outros mundos!». É isso que acontece com o tempo. Dessa forma, a promessa de minha mãe se tornou um testemunho.

O segundo episódio diz respeito, dessa vez, a meu pai. Lembro-me dele caminhando à minha frente, com o passo de um gigante, nas manhãs de domingo, quando íamos juntos visitar as bancadas da estufa, onde padeciam suas plantas adoentadas. O seu italiano vacilante e dialetal dava então, misteriosamente, lugar ao latim. Naquela língua antiga e desconhecida, pronunciava os nomes das doenças e os de suas plantas. Lia nas folhas (mordiscadas por insetos invisíveis, com os nomes mais misteriosos, ou invadidas por bolor e manchas fantasmagóricas) a dor delas, a fim de preparar, em seguida, as poções mágicas para o tratamento que as curaria. Tinha feito tudo isso do nada. Tinha aceitado a mirrada herança material do pai — que tinha uma certa paixão pelo trabalho com a terra, mas preferia se comprazer entre peças humildes de antiquário — para fazê-la germinar de um modo imprevisível. Tinha inventado uma profissão como aquela, de floricultor, sem que existisse qualquer cultura familiar.

Em meu trabalho clínico, sempre tive uma paixão pela dimensão do diagnóstico diferencial, para identificar a estrutura subjetiva particular que orienta o discurso do sujeito. De onde vinha essa paixão? A lembrança infantil de meu pai dedicado à dor das folhas contém o núcleo de minha herança. O que eu herdei? Não um reino, não uma linhagem ilustre, não genes, nem bens, mas um testemunho silencioso do desejo. Observava meu pai curvado sobre suas plantas. E sabia que aquela era a sua vida, aquele o seu trabalho, aquela a sua satisfação, aquele o seu mundo. Tirar a dor das plantas, restituir a vida a elas, fazê-las crescer fortes. Salvá-las do bolor, do mal, das colônias extraterrestres de insetos invisíveis. Dedicar-se a ler e a curar as folhas. E o que eu virei? Não sou, talvez, um que lê a dor das folhas? Que lê os homens como se fossem folhas? Não me tornei isso, talvez? Alguém que tenta ler e curar a dor escrita nas folhas do *húmus humano*? A herança é sempre a herança de uma paixão que sofre um desvio, uma torção, uma derivação. Ler a dor nas folhas: percebi que não fiz outra coisa a não ser isso, embora o tenha feito de um modo bastante diferente. Herdar é isso: descobrir ter me tornado aquilo que sempre fui, fazer próprio — reconquistar — aquilo que já era próprio desde sempre.

Tinha razão Telêmaco: algo sempre regressa do mar.

DAS ANDERE

1 Kurt Wolff *Memórias de um editor*
2 Tomas Tranströmer *Mares do Leste*
3 Alberto Manguel *Com Borges*
4 Jerzy Ficowski *A leitura das cinzas*
5 Paul Valéry *Lições de poética*
6 Joseph Czapski *Proust contra a degradação*
7 Joseph Brodsky *A musa em exílio*
8 Abbas Kiarostami *Nuvens de algodão*
9 Zbigniew Herbert *Um bárbaro no jardim*
10 Wisława Szymborska *Riminhas para crianças grandes*
11 Teresa Cremisi *A Triunfante*
12 Ocean Vuong *Céu noturno crivado de balas*
13 Multatuli *Max Havelaar*
14 Etty Hillesum *Uma vida interrompida*
15 W.L. Tochman *Hoje vamos desenhar a morte*
16 Morten R. Strøksnes *O Livro do Mar*
17 Joseph Brodsky *Poemas de Natal*
18 Anna Bikont e Joanna Szczęsna *Quinquilharias e recordações*
19 Roberto Calasso *A marca do editor*
20 Didier Eribon *Retorno a Reims*
21 Goliarda Sapienza *Ancestral*
22 Rossana Campo *Onde você vai encontrar um outro pai como o meu*
23 Ilaria Gaspari *Lições de felicidade*
24 Elisa Shua Dusapin *Inverno em Sokcho*
25 Erika Fatland *Sovietistão*
26 Danilo Kiš *Homo Poeticus*
27 Yasmina Reza *O deus da carnificina*
28 Davide Enia *Notas para um naufrágio*
29 David Foster Wallace *Um antídoto contra a solidão*
30 Ginevra Lamberti *Por que começo do fim*
31 Géraldine Schwarz *Os amnésicos*
32 Massimo Recalcati *O complexo de Telêmaco*
33 Wisława Szymborska *Correio literário*
34 Francesca Mannocchi *Cada um carregue sua culpa*
35 Emanuele Trevi *Duas vidas*

Composto em Lyon Text e GT Walsheim
Impresso pela gráfica Formato
Belo Horizonte, 2022